スピノザの世界

神あるいは自然

上野 修

講談社現代新書
1783

はじめに

スピノザ（Baruch/Benedictus de Spinoza 1632-77）。十七世紀最大の哲学者の一人である。神（自然）が唯一絶対の実体であるとし、汎神論を説いた。アムステルダムの裕福な亡命ユダヤ商人の家庭に生まれる。名はヘブライ語でバルフ、ラテン名ベネディクトゥス、いずれも「祝福されし者」という意味である。小柄で、イベリア半島出身のユダヤ人の血を思わせる黒い髪と印象的な眼をしていたという。

幼少からユダヤ教団の学校でヘブライ語と律法を勉強したが、自由思想家にラテン語を学ぶなどしているうち長じて懐疑的となり、異端のかどで教団を破門、ユダヤ人共同体から追放される。二十三歳だった。その後、レンズ磨きをしながら、当時の新思想デカルト哲学をほとんど独学で学ぶ。当時、カトリック・スペインから独立した共和国オランダは黄金時代、キリスト教諸派のるつぼであった。スピノザはそのうちとりわけ教会組織や教義から自由だったコレギアント派（無教会派みたいなもの）の人々と親交を持った。友人たちの求めに応じて『デカルトの哲学原理』を出版、世に知られるようになる。次いで共和国のリベラルなリーダー、ヤン・デ・ウィットの庇護のもと、『神学政治論』を匿名で出版。無神論との非難を受け教会の禁書処分を受ける。精魂を傾けた主著『エチカ』は、このため結局生前に日の目を見ることはなかった。

スピノザの人となりは、批判者からも「有徳なる無神論者」と呼ばれるほど高潔だったという。質素な暮らしぶりや、ハイデルベルク大学の招聘《しょうへい》を、拘束を嫌って辞退した話は有名である。決して社交的でなかったわけではない。友人たちに支えられ、知的交流も多かった。科学アカデミー英国王立協会の秘書官オルデンブルクや科学者ホイヘンスなどとも交流があり、若きライプニッツも訪ねてきている。年来の肺疾患のために一六七七年二月二十一日死去。享年四十四歳であった。葬られたその墓は今も……。


「ちょっと待ちたまえ」というスピノザの声がする。「ペテロに言ったイエスのせりふじゃないけれど、すっこんでいろサタン、と言いたいな。君は人間のことばかり考えていて、神のことをまるで考えていない」。

そうだった。神のごときスピノザよ、ゆるしたまえ。われわれは自分が「人間」であると疑わないので、何でも人間で考えてしまう悪い癖がある。人間と自然、人間と歴史、みたいに。そして哲学や思想も人間が生み出すものだと思ってしまう。スピノザはそういう「人間的な語り方」を嫌っていた。

事物について何かを肯定したり否定したりするのはわれわれではない、事物自身である。事物がわれわれの中で自分自身について何かを肯定したり否定したりするのだ。
(『短論文』第2部第16章)

事物とは、唯一これっきりの、あのときも今も、これから先もずっと同じ、われわれの生きているこの世界のことだ。スピノザはそれを「神」と呼んでいた。われわれの中で事

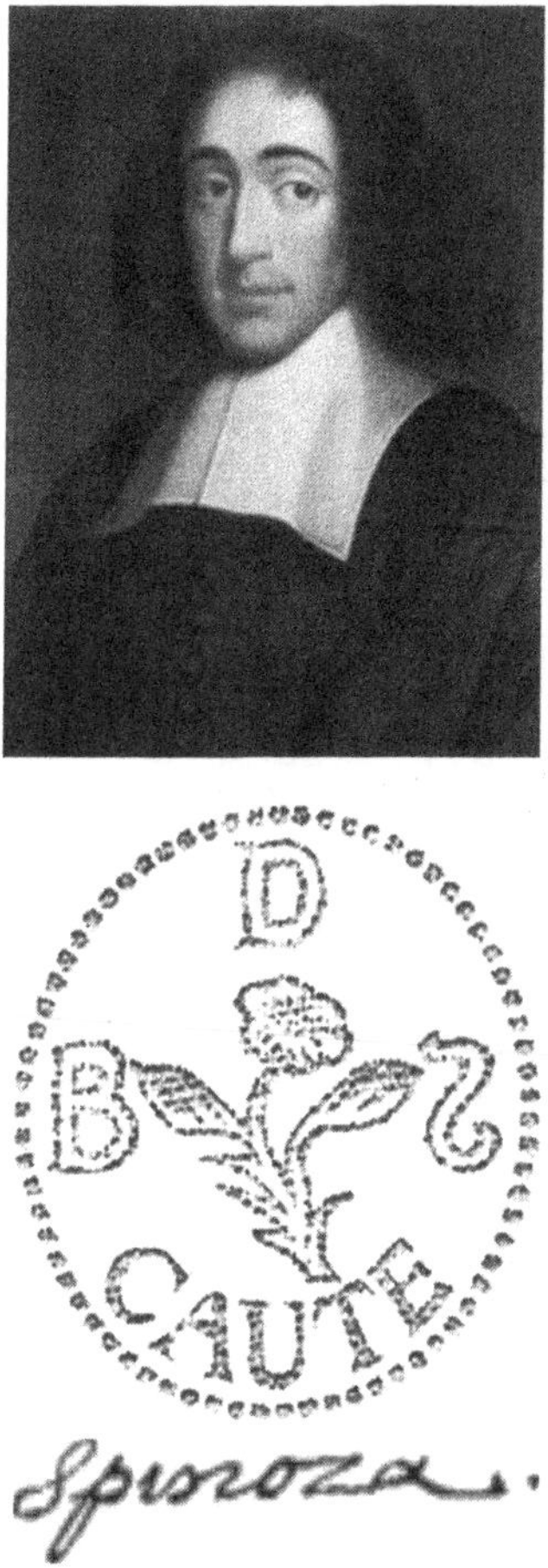

▲上からスピノザの肖像(推定)。自作の印章。自筆サイン。

物が語る。だから、哲学者は無名でいい。私の人間的来歴などどうでもよいのだよ。そうスピノザは言っているように見える。

スピノザについて紹介をしたが、私は他の人が調べて書いたことをどこかで読んでそう言っているだけである。「ということだそうです」と言えるだけで、本当のところは何も知らない。スピノザが破門されたのはもっと下世話なわけがあったのかもしれないし、ヤン・デ・ウィットとの親交だって、実はそんなものはなかったという証拠が出てくるかもしれない。コレギアント派に共感していたとか、レンズ磨きの貧しい屋根裏生活者だったとか、オランダ語がそれほど堪能ではなかったとか、大学に行かずに独学したとかも、ただそんなふうに聞き知っているだけである。昨今の実証的な伝記的研究を見るにつけ、こういう知識はいつでも覆る気配が感じられるし、そうならない保証はない。その限りで、私には「これがスピノザだ」と言える自信はない。

スピノザ自身は、自分をどう読み・どう理解してほしいと思っていたのだろうか。彼は幾何学者ユークリッドを引き合いに出して、こんなことを言っている。

ユークリッドはきわめて単純でまったく理解可能なことしか書かなかった。だから誰によってでも、またどんな言語ででも容易に説明される。じっさい、われわれがユークリッドの考えを捉え彼の本当に言いたかった意味を確信するためには、彼の書いた言語について完璧な知識を持っている必要はない。ただきわめて一般的な、ほとんど初心者程度の知識を持っているだけで足りる。また、かの著者の生涯や情熱・モラルなどを知る必要もないし、どの言語で・誰に向けて・いつ書かれたのか、あるいはその書がどういう経過で伝えられ・どのような異本があり・いかにして、またたれの発議によって正本が認められるようになったのか等々について知っている必要もない。
(『神学政治論』第7章)

そして、とスピノザは続ける、「ここにユークリッドについて言うことは、その性質からして容易に見てとれる事柄について書いたすべての人々についてあてはまる」。

スピノザは自分の哲学もそんなふうに書こうとした。有名な主著『エチカ』は、正確には『幾何学的秩序で証明されたエチカ〔=倫理学〕』(*Ethica Ordine Geometrico Demonstrata*)である。訳本でいいから実際に手にとって見てほしい。ユークリッドの『原論』はまず「点」や「直線」を定義する。それと同じように、「自己原因」「実体」「属性」「様態」など、基本タームが定義される。そして二点を通る直線は一本しかないという公理と同じように、「他のものによって考えられえないものはそれ自身によって考えられねばならぬ」

といったいくつかの公理が示される。すると、これはもういきなりという感じで、定理の導出が始まる。

定理1　実体は本性上その変状に先立つ。
証明　定義3および5から明白である。

定理2　異なった属性を有する二つの実体は相互に共通点を有しない。
証明　これもまた定義3から明白である。なぜなら、おのおのの実体はそれ自身の内に存在しなければならずかつそれ自身によって考えられなければならぬから、すなわち、一つの実体の概念は他の実体の概念を含まないから、である。

定理3　相互に共通点を有しない事物は、一方が他方の原因であることができない。
証明　もしそれらの事物が相互に共通点を有しないなら、それはまた（公理5により）相互に他から認識されることができない。したがって（公理4により）その一方が他方の原因たることはできない。Q.E.D.……（『エチカ』第1部）

「Q.E.D.」＝証明終わり（quod erat demonstrandum）。まるでユークリッドだ。このあとも全巻こういった調子なのである。

『エチカ』についてちょっと言っておくと、全体は五部に分かれ、それぞれ三十六、四十九、五十九、七十三、四十二、総計二百五十九個の定理から成っている。各部の表題は次のとおり。

第1部「神について」
第2部「精神の本性および起源について」
第3部「感情の起源および本性について」
第4部「人間の隷属あるいは感情の力について」
第5部「知性の力能あるいは人間的自由について」

神や人間の自由について扱っているようだが、その扱いがしかし、まるで幾何学なのである。

もっと取っ付きやすい、ふつうの書物のように書いてくれたらよかったのに、と思う人がいるかもしれない。けれどもスピノザはこれが一番わかりやすい書き方だと考えた。他の著作（『短論文』）でふつうの文章や対話スタイルで書こうとしたこともあったが、やはりそうすると、先入見を誘う綾《あや》が入ってしまう。賛成か反対か、好きか嫌いか、誰がそれを言ったのか、という人間的な反応を誘ってしまう。しかし、もし哲学が真理の探究なら、人間の意見ではなくて事物が語らなければならない。『エチカ』で肯定したり否定したりしているのは誰でもない、事物自身である。三角形がその幾何学的本質をおのずと告げることで姿をあらわすように。

スタイルは決定的だ。スピノザは、ほとんど困惑させるほどまでにミニマリスト（極小主義者）なのである。哲学的真理に関する限り、どこの誰が言ったかはどうでもいい。何がどうなっているかだけが問題だ。そのためには、呆れるほど単純な、少数の自明の事柄から出発し、あとは事柄自身に語らせればよい。だから哲学はなんぴとのためにも弁じ立てない、蘊蓄《うんちく》も説教も垂れない。ごちゃごちゃ言わず、ただ、できるだけ速やかに事物自身の語りに到達する。そのときわれわれの精神はある種の「霊的自動機械」と化し、よけいなことから解放され、精神自身が事物に還るであろう。そうスピノザは考えていた（『知性改善論』第13、85段）。

こんなわけで、スピノザの残した書き物は、デカルト全集やホッブズ全集、いまだ完結しないライプニッツの膨大な全集と比べればわかるように、非常にサイズの小さいものになっている。

『幾何学的秩序で証明されたエチカ〔＝倫理学〕』（以下『エチカ』）
『知性改善論』
『神・人間および人間の幸福に関する短論文』
『デカルトの哲学原理第1部・第2部、形而上学的思想を付す』
『神学政治論』
『国家論』（あるいは『政治論』とも訳される）

あとは科学論文（『虹の計算』『偶然の計算』）と『ヘブライ語文法提要』、そして書簡で全集はおしまい（科学論文と『ヘブライ語文法提要』以外はすべて岩波文庫に入っている。ただし現在品切のものもある）。

しかも、彼自身の哲学を書いたものでちゃんと本に出せる形に準備されたのは『エチカ』のみである。スピノザはこれを二十代が終わるころに書き始め、三十代のはじめにはすでに基礎部分ができ、四十過ぎで完成、そしてすぐ四十四歳で死んでしまった。あの公理系のような書き方では、途中で大きな変更や修正をするのは難しかろう。ということは、スピノザはきわめてコンパクトな形而上学を比較的早くからものにしていて、ほぼ一貫して同じその哲学基盤の上でものを考えていたことになる。その間、彼が考察した問題領域はかなり広範囲にわたる。形而上学のみならず、聖書解釈と宗教、国家、人間の感情と自由について彼は論じ、論証した。それが今でも全然古びていないのは、彼が「人間」の意見に頓着せず、すべてを事物の側から見ていたからである。

スピノザの思想史的評価については多くのことが言われてきた。デカルト主義との関係、ユダヤ的伝統との関係。国家論におけるホッブズとの関係。初期啓蒙主義におけるスピノザの位置。ドイツ観念論とスピノザ。現代では、アルチュセール、ドゥルーズ、ネグリ、レヴィナスといった名前がスピノザの名とともに語られる。スピノザはいたるところにいる。が、すべては微妙だ。たしかにスピノザについてはたくさん言うべきことがある。そのためにはスピノザの知的背景と時代背景、後代への影響、現代のスピノザ受容の状況を勉強する必要がある。けれども、まずはスピノザ自身の言っていることを知らなければどうしようもない。そのためには、スピノザがどこまで行ったのか、彼の世界を果てまで歩いてみるほかない。彼が望んだようにミニマリズムに与《くみ》し、彼の理解したように事物の愛を学ぶほかないのである。

だから、思想や主義の解説チャートはしばし忘れよう。スピノザは言っていた。観念は外から眺める絵のようなものではない。ものを見る視覚そのもの、ものの理解そのものである（『エチカ』第2部定理43の備考）。スピノザに見えた世界がどんなものか、その不思議な光景を理解の内側から眺めること。これがこの本の課題である。

目次

1　企て

スピノザはなぜ哲学を始めたのだろうか。自分について語るところ少ないスピノザだが、それでも一度、それも非常に重要な仕方で、自分の決心を振り返って述べているくだりがある。『知性改善論』の冒頭がそれだ。ここだけでもみごとな哲学への誘《いざな》いになっている。

一般の生活で通常見られるもののすべてが空虚で無価値であることを経験によって教えられ、また私にとって恐れの原因であり対象であったものは、どれもただ心がそれによって動かされる限りでよいとか悪いとか言えるのだと知ったとき、私はついに決心した、われわれのあずかりうる真の善［ほんとうのよいこと］で、他のすべてを捨ててもただそれだけあれば心が刺激されるような何かが存在しないかどうか、いやむしろ、それが見つかって手に入れれば絶え間のない最高の喜びを永遠に享楽できるような、何かそういうものは存在しないかどうか探究してみようと。（『知性改善論』第1段）

この章では、彼自身による企ての説明を見ながら、スピノザからの哲学への招待を受けてみよう。

スピノザ自身による入門書

まず『知性改善論』について少し。

正確には『知性の改善に関する、ならびに知性が事物の真の認識へと導き入れられるための最善の道に関する論文』という長たらしい題名だが、例によって本体はコンパクトである。スピノザはこの未完の論文を、どうやら自分の哲学、つまり『エチカ』の入門に仕立てようとしていたらしい。とはいえ、解説書のようなものを期待するなら、完全に外れ、である。

『エチカ』はあのとおり全身これ幾何学みたいになっていて、それ以上の解説を拒んでいるようにすら見える。『知性改善論』は原題にあるとおり、読者をそういう『エチカ』の世界に導く「道」である。道の役割は目的地の解説や説明ではない。間違いなくそこへ連れていくことだけだ。

真面目な思索は「私はいかに生くべきか」という問いから始まる。それはよいのだが、それだけだとろくでもない私さがしになってしまう。「私」をめぐる問いは非人称的な事物認識の世界にまで導かれ、事物の言葉で遂行されねばならない。幾何学仕様の『エチカ』が倫理学だという秘密はそこにある。一人称の倫理的な問いを、その強度はそのままに、非人称の世界にまで運んでいく道。それがこの『知性改善論』である。百の解説書を読むよりも、まずはこの道を自分で歩いてみたまえ、というスピノザの声がする。

純粋享楽を求めて

さて、話を戻そう。冒頭の引用である。

あれこれの経験の末に「すべてが空虚で無価値」だとわかった、そして「私はついに決心した」とスピノザは回顧する。一見パセティックな文章のトーンに惑わされてはならない。世をはかなむ回心のように読んでしまうと、どうしてスピノザがこのあと定義だとか観念の分析といった、およそ実存的雰囲気と無関係としか思えない話に論文の大半を費やすのか、まったく理解できなくなるからである。スピノザの方法は「反省的認識」であると言われ、本人もそう言っているのだが、彼の言う「反省」は世捨て人的な内省とは何の関係もない。

たしかにそんなふうに読める雰囲気がないではない。世の人々が「最高の善」として評価しているものはすべて虚《むな》しい、とスピノザは始める。そうした善（必ずしも道徳的な意味ではなく、要するに何か求むべきよいもの）は結局、富・名誉・快楽の三つに帰着する。彼らがどう言い訳しようと、やっていることを見ればそう思われてもしかたがない。そういうものは自己目的化されると必ずや人をダメにする。だから虚しいと（『知性改善論』

第3～5段)。

しかしそんなことは取り立てて言うほどのことではあるまい。スピノザ自身言うように経験からわかる常識の部類である。巷《ちまた》に溢れる警句を見ればよい。そう、われわれはみな世俗的価値の虚しさについて、世の無常について知らないはずはない。スピノザが問題にしているのはむしろ、知っているのにあきらめられず、いわば中途半端にそれにひきずられているふつう一般の生き方なのである。

そんな中途半端な喜びではない「最高の喜び」、それも一度や二度で終わるのでなく、永遠に享楽できるような、究極の、終わらない喜び。そういう喜びはほんとうに無理なのだろうか？「享楽する」(frui) という語は、かなり強い。こういう問いの方向は、間違っても禁欲主義の説教には行かない。すべては虚しいと呟《つぶや》いてみせる虚無主義にはなおさら行かない。だから冒頭のシリアスな雰囲気を勘違いしてはならないのである。スピノザの決心は、「最高の喜び」の可能性を本気になって考えてみようという、いわば純粋享楽の決心にほかならない。今一度、冒頭の引用を見てほしい。

喜ばしい賭

「ついに決心した」という表現には、賭《かけ》に出た、という感じがこもっている。

私は「ついに決心した」と言う。なぜなら、まだ不確実なもののために確実なものを放棄しようとするのは、一見、無謀に思えたからである。(『知性改善論』第2段)

決心は賭である。一見無謀に見えるが、賭けるにはそれなりの論理がある(『知性改善論』第2～10段)。

最高の喜びを享楽できる究極のXは、これから探究しようというのだから、その存在自体不確実である。他方、自分には満足とまではいかないまでも富と名誉、快楽をそれなりに獲得してきた実績がある。その意味で、あるということは確実である。ただ、こうした世俗的善(と言っておく)はこれで満足、オーケーということがない。飲めば飲むほど渇きを覚える魔法の水みたいに、さらなる投資、さらなる追求を絶えず求める。メンテナンスが大変なのだ。そんなことにかまけていると真剣な哲学的探究はできそうもない。こんなふうに考えて、スピノザはとりあえず究極のXの探究と世俗的善の追求は両立しない、と仮定してみる。すると、選択は次のいずれかである。

(選択1) Xのために世俗的善を犠牲にする――→世俗的善抜きのX

（選択２）世俗的善のためにXを犠牲にする――→X抜きの世俗的善

自分が達成すべきは「最高の幸福」、すなわち、何らかの善（よいこと）を手に入れて最高の喜びを享楽することである。いずれの選択が有利か。

選択１だと、存在がまだ不確実な善のために、存在の確実な善を犠牲にすることになる。これだと、もし究極のXが存在しなかったらXもろとも確実な若干の善まで失ってしまう。元も子もないあまりに無謀な選択に思われる。だったら、やはり安全な選択２にしておく、そう考えるべきではないか。

しかし、とスピノザは考えすすめる。目指すは「最高の幸福」である。選択２では「X抜きの世俗的善」しか手許に残らない。これが最高の幸福をもたらす見込みはあるだろうか。ない。財を築いたがためにトラブルに巻き込まれるかもしれず、名誉欲のために破滅するかもしれない、刹那的快楽で身を滅ぼすこともありうる。今なら三面記事を賑《にぎ》わすようなそういう例はいっぱいある。のぼり詰めたときに転落が始まっているそういう善は、求める前から確実な悪である。そんなものを選んで、どうして最高の幸福の見込みがあろう。

するとやはり、一見無謀に見えても、正解は選択１しかないのではないか。世俗的善抜きというのはきついけれど、もしXが存在するなら「最高の幸福」をもたらすことは確実である。というか、それがXの定義である。どちらに望みがあるかと言えば、「X抜きの世俗的善」より「世俗的善抜きのX」の方にあると言わねばならない。それゆえ、とスピノザは結論する、自分は、存在は確実でもはじめから最高の幸福に馴染《なじ》まないと確実にわかっているものを捨て、存在は不確実でもはじめから最高の幸福にふさわしいと確実にわかっているものを取るべきだ。ほんとうに幸福を求めるなら選択1で行くしかない。

よくよく考え抜いたあげく、この場合、自分はただ考量を尽くすだけで、確実な善［よいこと］のために確実な悪［よくないこと］を捨てるであろうという考えに達した。なぜなら私は、自分が最大の危機に直面していて、たとえ不確実でも救済策を全力で求めるよう余儀なくされているのを知ったからである。それはちょうど、重症の患者が自分は治療を施さなければ確実に死ぬと予見し、たとえあるかどうか不確実でもその治療法を全力をあげて求めるよう余儀なくされるのと同様である。一切の望みはそこにかかっているのだから。（『知性改善論』第7段）

これはもちろん、賭である。保証は何もない。だがやってみるだけの価値は確実にあるとスピノザは考える。

選択2は、はじめからけちくさい、物悲しい生き方だ。いくらかの配当は当てにできるとはいえ、その配当をめぐって争い・ねたみ・恐れ・憎しみといったトラブルがすでに予見される。そちらを選ぶことは、はじめから「最高の幸福」をあきらめ、しかもあきらめているということをごまかし続ける物悲しい一生を意味する。

それに対し、選択1を取る者は、ある意味でいまから勝負に勝っている。その賭ははじめから喜ばしい賭だからである。世俗的善だと、追求する前から失うのではないかと心配しなければならない。それに対し、Xは「それが見つかって手に入れば絶え間のない最高の喜びを永遠に享楽できるような何か」である。こういうことはXが永遠かつ無限な何かでないと考えられない。だからXは、存在していないなら無くてもともとで失われる心配はないし、存在するなら永遠無限なのでやはり失われる心配はない。むしろそれを求めることは、求めているあいだ喜びのみをはぐくみ、はじめからあらゆる悲しみに対して守られている。それゆえ、賭けないよりも賭けた方がよい。これがスピノザの出したさしあたりの結論だった。

剰余

この賭には思わぬおまけが付いてくる。ここがスピノザの面白いところだ。スピノザは商人のように（実際、彼はユダヤ商人の息子なのだが）、抜け目ない考量で選択1を取った。「考量」（deliberatio）という言葉には、そういう慎重な算段という意味合いがある。ところが、Xを探究しだすと、はじめ犠牲にしなければならぬと思えていた世俗的善が、いわば忘れていた還付金のようにして還ってくるのである。ここは大事なポイントなので、立ち入って見ておきたい（『知性改善論』第10、11段）。

自分は決心の正しさを頭では納得していた。しかし「だからといって所有欲・官能欲・名誉欲をそっくり捨てるというわけにはゆかなかった」とスピノザは告白する。ふつうならここで自己欺瞞に悩んでよさそうなものだが、スピノザはそちらの方には行かない。

ここに一つ私にわかっていることがあった。精神はこうした思索に向けられているそのあいだだけは、そういうものに背を向けて真剣に新しい企てについて思考していた、ということである。このことは私にとって大きい励ましとなった。というのも、それらの悪はどんな救済策でも退けえないような、そういう性質のものではないとわかったからである。（『知性改善論』第11段）

捨てねばならぬと思っているあいだは捨てられない。ところが実際に探究を始めてみると、そういう執着は問題にすらならない、妨げにすらならないとわかってくる。スピノザは自分の精神の思わぬ性能、力能に驚き、自分の精神に励まされる。禁欲が探究を可能にするのではない。探究の方が、なぜか禁欲を不要にしてしまっている……。

こうして決心は決心を上回る余剰にあずかる。決心で欲望は捨てられるものではない。いや、捨てねばならぬという発想こそが問題で、真実のところは、捨てるべき欲望などないということではないか。水を得たように動き出した精神を見れば、知性と欲望は対立するどころか、むしろ欲望は知性の本質なのではないかとさえ思われてくる。

精神がその持ち主の思いを超えて、すでに事物として立ち上がっている、とでも言おうか。スピノザが珍しく彼の経験を語ってくれるのは、読者にこのことを気付いてほしいからである。「これこれのためにしかじかを犠牲にする」という「ため」は目的である。ある目的遂行のために我慢しなければならないとわれわれは考え、それを守れないなら目的は果たせないと考える。こういう発想は、実際に飛び込まずに岸でうろうろしている人の考えにすぎない。スピノザは最初のところでこのことに気付かせ、怖がらなくていい、飛び込んでみればすべてが違って見えると励ましているのである。

目的とは衝動のことである

「目的」とは何か。あとでわかることだが、それは実は「衝動」(appetitus)にほかならない。

われわれをしてあることをなさしめる目的なるものを私は衝動と解する。(『エチカ』第4部定義7)

ふつうわれわれは、目的がまずあってその達成に努力する、というふうに考える。努力は義務のように見える。ところがスピノザは『エチカ』で、こういう文法を逆転させる。まず衝動がある。そしてこの衝動に駆られるからこそ、われわれは自分が目的に向かっているのだと思い込む。

われわれはあるものを善と判断するがゆえにそのものへと努力し・意志し・衝動を抱き・欲望するのではなくて、反対に、あるものへ努力し・意志し・衝動を抱き・欲望するがゆえにそのものを善と判断するのである。(『エチカ』第3部定理9の備考)

詳細はあとでゆっくり見ることにして、ここではこの逆転の意味を考えよう。一見奇妙に見えるかもしれないが、実はそうでもない。われわれが目的を問う場面を考えてみればわかる。

たとえば、ホームに向かって歩いている人にその目的を聞いてみる。なぜホームへ？「あたりまえでしょう、電車に乗るため」。なぜ電車に？「これから出勤なんですよ」。どうしてご出勤を？「だって月給取りだからしかたないでしょう」。なぜ給料を？「生活のためにきまっているじゃないですか」。ではなぜ生活を？「なぜって……」。

こうして、さしあたりの「目的」は問いただしてみると実際には何かもっと基礎的な目的のための手段であり、この基礎的な目的もまた、さらにもっと基礎的な目的の手段であり……というふうに遡行してゆき、その最後には、もはや言い表せない「衝動」があることがわかる。言いがたい衝動に駆られてその人はいまホームに向かいつつある。その衝動が、さしあたりの目的を根っこで支えている当のものなのだ。それゆえ、「目的」とは実のところ衝動なのである。

ふつうわれわれは、自分で目的を立て自分の自由な意志で行動していると信じている。ところがスピノザによると、自然の中で起こっているのはその逆である。言い表すことのできない衝動がすでにあってわれわれの行動を生み出しており、われわれはそれをいわば遅ればせに欲望として感じている。そして問われると、この欲望意識をもとに、自分はしかじかの目的に向かって自由な意志で行動しているのだと解釈し、自分にも他人にもそういうふうに答えを返すようになっている。

とすると、われわれの意識はすべてをあべこべに表象している可能性がある。『エチカ』の理論でいくと、人間は自分の意欲および衝動を意識しているが、そのように駆る原因は知らない。それで人間は自分を自由な存在だと思い、万事を目的のために行うと表象する(『エチカ』第1部付録)。そしてこの衝動こそ、われわれを刻々と肯定し、われわれをわれわれ自身にしている何か、すなわち、われわれの現実的本質にほかならない。説明はあとにして、いまは『エチカ』の次のくだりを眺めておこう。

おのおのの事物が自己の有に固執しようと努める力はその事物の現実的本質にほかならない。(『エチカ』第3部定理7)

この努力は精神だけに関係付けられるときには「意志」(voluntas)と呼ばれ、精神と身体の両方に同時に関係付けられるときには「衝動」(appetitus)と呼ばれる。したがって衝動とは人間の本質そのものにほかならず、この衝動の本性から人間自身の保存維持に役立つ一切が必然的に出てくるのである。次に衝動と「欲望」(cupiditas) の相違はと言えば、欲望はたいていの場合、自分の衝動を意識している限りにおける人間に関係付けられる。この点を除けば違いは何もない。それゆえ「欲望とは意識を伴った衝動である」と定義できる。というわけで、これらすべてからわかるように、われわれはあるものを善と判断するがゆえにそのものへと努力し・意志し・衝動を抱き・欲望するのではなくて、反対に、あるものへ努力し・意志し・衝動を抱き・欲望するがゆえにそのものを［……］。(『エチカ』第3部定理9の備考)

欲望は衝動を知らない

目的とは衝動のことである。しかしここで大事なのは、「目的とは衝動のこと」とは言えても、逆に「衝動とは目的のこと」とは言えない、ということである。この非対称性は大変重要だ。これを見のがすとスピノザの言っていることは単なる欲望至上主義と変わらなくなる。

まず、スピノザの言う「衝動」は、それ自体としては目的と何の関係もない。石ころであろうと雨粒であろうと馬であろうと人間であろうと、何かある事物が一定の時間、それでありそれ以外のものでないというふうに存在するとき、そのようにおのおのの事物が自己の有に固執しようと努める力、それが「努力」（コナトゥス conatus）と呼ばれるものである（スピノザの大変重要なジャーゴンなので覚えておこう）。これが無くなるとその事物そのものが無くなるので、それはその事物の「現実的本質」でもある。コナトゥスは目的というものをまったく持たずに働いている自然（神）の活動力の一部であり、そのつど及ぶところまで及んでいる。コナトゥスはそれゆえ、それ自体としては目的と何の関係もない。事物はそのつどめいっぱい自己の有を肯定しているだけで、まだ見ぬ自己の実現を目指して努力しているわけではない。そして、こうした目的なきコナトゥスがわれわれにもあって、それが精神に何かをさせ、身体に何かをさせる。これが「衝動」である。だから衝動は何かをさせるわけだが、目的があってそうさせるのではない。

したがって「何々のために」というお題目は、われわれの頭の中にしかない。今一度「欲望」の定義を思い出そう。「欲望」とは意識を伴った衝動である。つまり、それ自身としては目的なき衝動を、われわれは意識の中で何かを実現しようとする欲望として、いわば誤認しながら生きるわけだ。馬を餌に向かわせる衝動は餌が目的なのではない、馬自身に対する肯定そのものである。私をホームへと向かわせる衝動はホームが目的なのではない、私自身に対する肯定そのものである。その意味で馬も私も自分の衝動を知らない。衝動はなまの形で意識にのぼることは決してなく、いつも目的を伴った欲望に加工されて経験される。

このように、欲望と目的は同じ文法に属するが、衝動は違う。衝動は目的の言葉では記述できない。われわれの頭の中に目的を存在させているのは衝動なのだが、衝動そのものはわれわれの頭の中にあるその目的でわれわれに何かをさせているわけではない。ここには衝動と目的のあいだの乗り越えがたい「ずれ」がある。このギャップはスピノザを理解する決定的な鍵だと私は思う。

さて、こう見てくると、われわれは「目的」について考えを改めねばならなくなる。われわれの欲望はみな、意識を伴った同じ一つの衝動である。とすれば、欲望が欲している善、実現すべき目的なるものは、衝動が付与する欲望の強度として理解できる。すると、ある目的のために欲望を捨てねばならぬという発想はそもそも間違っていて、ほんとうはより強い欲望がより弱い欲望にまさり、より大きい強度の善がより小さい強度の善にまさって前面に出てくるだけの話だということがわかる。したがって問題は、道徳家が言い立てるように、善なる目的のために欲望を断念するということではない。とことん欲望に忠実に最大の強度を持った善を的確にマークし、そのまわりに他の諸々の善がおのずと編成されてゆくのを見届けること、これが倫理に求められるすべてである。

最高善を定義する

最大の強度の欲望とは何か。それは、より強い存在になりたい、より完全になりたいという欲望であるとスピノザは考える。自分がより弱く、より不完全になるとわかっていて、そのことをすすんで欲することはできない。どんなにひねくれた考えの人でも、まさにそのひねくれた考えによって自分をさらに強く肯定しようとしている。自分の本性よりもはるかに力強い、そういう完全な本性が何なのか中身がわからなくても、この欲望の真実は曲げられない。

あとでわかるように、事物の世界は自然法則に従って目的も何もなしに生起している。事物は何かの目的に向かって働いているのではないし、完全性に到達するために存在しているのでもない。だから、事物はそれ自身で見られるならよいとも悪いとも言えないし、完全とも不完全とも言えない。その意味で、価値概念はわれわれの頭の中にしか存在しない幻想である。とはいえ、われわれは自分の欲望と目的の文法に支配された意識の中にかくまわれていて、その外に立つことはできない。外に出て、自分の衝動がその中で組み込まれて動いている目的なき世界秩序を俯瞰《ふかん》するような、そういう位置には立てない。このゆえに、とスピノザは結論する、人間はどのみち「自分の本性よりもはるかに力強いある人間本性」を考えないではいられず、そういう「完全性」へと自らを導く手段を求めるように駆り立てられる。これはまさに衝動がわれわれにさせることであって、目的と手段という枠組みを最初からとっぱらうことなどできはしない（『知性改善論』第12、13段）。

もちろん、むきだしの自然はわれわれを完全性へと向かわせることを目的に存在しているわけではない。ここを間違ってはならない。しかしそれさえ間違わなければ、たとえ事物そのものに備わった価値など幻想であり、価値はたかだかわれわれの欲望に相対的な投影にすぎぬとわかりきっていても、やはりわれわれは価値や目的について語れるし、また語るべきであるとスピノザは考える。われわれは衝動をおのが欲望された目的として生き、それ以外に生き方を知らないのだから。

こうして、最大強度の欲望をもとに、「真の善」、「最高善」が定義される（『知性改善論』第13、14段）。

「最高善」［最高によいこと］とは、「自分の本性よりもはるかに力強いある人間本性」を享楽することである。それも、自分一人でなく、できる限り他の人々と一緒に。

「真の善」［ほんとうによいこと］とは、いま言ったことに到達するための手段となりうるものすべて、である。富も名誉も快楽も、この手段となりうる限りにおいてなら「よいこと」、善である。もちろん妨げになるならすべて悪い。

これでとりあえずの目的は定まった。いま言った最高善の実現が究極の目的であり、この実現につとめることが最高の幸福である。いっさいはこの目的へと向けられねばならない。必要な手段は何であろうとすべて留保なしに「真の善」であり、この点に関してもはや寸分の迷いの余地もない。道徳家は富・名誉・快楽を悪《あ》し様《ざま》に言うかもしれないけれど、放っておけばよい。禁欲せずとも、目的に必要な限りで享楽するなら有用である（『知性改善論』第17段）。

もちろん以上は方針にすぎず、何が解決されたわけでもない。肝心の「自分の本性よりもはるかに力強いある人間本性」が何なのか、そしてそれが純粋享楽を得させる「永遠無限なるもの」とどういう関係にあるのか、それが求めるべき解である。目的とは衝動なのだから、この解こそずっとわれわれが求めてきたものだ。したがって、われわれがなりたい理想の完全な人間とは、いま言った解を知っている人間のことに違いない。「精神が全自然［＝永遠無限なるもの］と有する一体的結び付きを知ること」、これが人間的完全性のしるしである（『知性改善論』第13段）。

スピノザの企ては、すぐれて倫理的な企てである。しかも、いかなる道徳的善悪にも出発点において無関係なことが、いまからわかる。彼はおのれの欲望に関して最初から一歩も引かない。そこを間違うとすべてが嘘になることを知っている。知性と欲望は対立するどころか、哲学の営みの中で同じ一つの衝動のもとにある。大丈夫、失うものは何もない。守るものなどはじめから何もないとスピノザは言う。哲学は生の強度として生きられるのである。

2

真理

道としての方法

『知性改善論』についてもう少し続けよう。

目標が定まったなら、当然、探究の方法が必要となる。このあとスピノザは「方法」について話し始め、結局この著作は最後までそれで終わってしまう。『知性改善論』は未完とされているが、これを読むときにわれわれが感じさせられる一種の途上感、というか宙吊りされたような感じは尋常ではない。たしかにスピノザは「方法」について語っているのだが、印象として、話がすすめばすすむほど「方法」はその役目を終えつつあるように見えてしまうのである。

完成のあかつきに役目を終える方法というのも妙な話ではある。しかしスピノザが語っている方法は、よく言われるのと反対に、「幾何学的方法」ではない（スピノザ自身は『エチカ』のタイトルで「幾何学的秩序」と記しているだけで、方法と呼んだことはない）。「方法」(methodus) という言葉はギリシャ語で「道に従って」という意味から来ているが、その語源どおり、スピノザは「方法」をたどるべき「道」(via) としてイメージしている（『知性改善論』第30段）。すべての道がそうであるように、道は到達すべき目的地が見えてきたとき、その役目が終わりつつある。『知性改善論』の方法もまた、そんなふうになっているのではないか。

スピノザが言っている「方法」は哲学の体系構築の方法というよりは、むしろ哲学へと向かう道、あるいはその道そのものの探究と発見の過程だと考えた方がよいと思う。哲学は「これこれだからこうなのだ」と原因（理由）によって説明するが、方法ではそれはやらないのだとスピノザは断っている（『知性改善論』第37段）。方法は哲学の出発点を探究する。そしてその探究はスピノザの場合、あとで見るように知性自身の「浄化」、知性のある種の治療的自己理解のプロセスと一つになっている。方法が「知性改善の仕様」(modus medendi intellectus『知性改善論』第16段）とも呼ばれているゆえんである。

だからスピノザは、もし人がはじめから素直に真理の規範に従う幸運に恵まれていたなら方法は不要であっただろうとも言う。もしそうだったら、「すべてはひとりでにその人に流れ込んできたであろう」。しかしこういうことはまず起こらないので、方法というプロセスがどうしても必要となるのだと（『知性改善論』第44段）。たしかに人は、たとえば「2たす3は5」のような身近でありふれた真理を軽視しすぎる。「神の存在」だとか「啓示の真理」だとか、遠くに深遠な真理を求めすぎる。それで、たとえばデカルト主義者から、深遠な形而上学の第一原理が知られるまでは何が真理であるか本当には言うことはできないなどと聞かされると、そうかもしれないと信じてしまう。これがふつうだからこそ、あえて探究の正しい秩序を求めねばならない。

知性は、こう言ってよければ学者の議論で病んでいるのである。知性の病をいやす最善の処方はしたがって、哲学で武装した認識論みたいな理論ではない。むしろ以下に見るように、ごくごく当たり前の誰にもわかる真理、「2たす3は5」だとか円の本質とかいった単純な真理の存在である。「真理」という言葉の意味の単一性をスピノザは回復する。犬であろうと三角形であろうと神であろうと、それらについて何か真なる事柄が言われるなら、それは同じ単一の意味で「真理」と呼ばれる。そこにこそ深遠な神秘が存するのである。

というわけで、スピノザの企てを理解する鍵は彼の「真理」概念にある。この章ではスピノザのまっとうな、しかしあまりにまっとうすぎてかえって異様にさえ見える真理の考え方を見ていきたい。これがわかれば、スピノザの独特な方法概念も理解できるだろう。そして、前章で見たあの永遠無限なるものを求める欲望が知性と一つとなるのはまさにそこ、真理においてであることも。

方法は真理から自生する

古来、哲学は真理を獲得するための学問方法を熱心に論じてきた。そんなやり方では真理は見つからない、これこれこういう仕方で研究をなせ、方法によってこそ真と偽を分かつしっかりした基準が与えられる、というわけである。

しかし、そんなふうにちゃんとした方法が発見されるまで真理について確かなことは何も言えない、というのは本当だろうか。もしそうなら、たちまち無限背進に陥るとスピノザは指摘する。方法Mでもって真理が獲得できていると確かに言えるための方法M′がなくてはならず、そしてこの方法M′がそういうことを確かに言えるための方法M″がなくてはならず……というふうに無限に続く。これでは決して真理の認識にわれわれは到達しないであろうと。

最初の「ちゃんとした方法が発見されるまで真理について確かなことは何も言えない」という仮定がどこか間違っているのである。とすれば、ちゃんとした方法に先立ってさしあたりわれわれは真理を確かに知っている、としなければならない。実際われわれは、数は限られていても真なる諸観念を持っているし、そのことを確かに知っているという事実をスピノザは指摘する。たとえば「2たす3は5」。私はこれを明晰判明に理解し、真だと思う。真でないとは考えられない。買い置きのタマゴ二個に買ってきたタマゴ三個を加えると戸棚には五個のタマゴがある。いま数えてみて四個しかないなら、われわれはタマゴが一つ紛失したと考え、2たす3が4になったとは決して考えない。われわれは何が真であるか知っているのである。方法の与える真理基準がなければこの真理が確かには言えない、というのは変であろう。
　それゆえ、こう言わねばならない。真なる観念の存在が、真と言えるための規範を方法に与えるのであって、その逆ではない、と。スピノザが言おうとしていることは明らかだ。もし真理探究の方法が存在するとしたら、それはまず若干の「真なる観念」がすでに与えられているという、この、いわばどうしようもない事実そのものの解明から始めなければならないのである（以上、『知性改善論』第30〜37段）。「与えられている真なる観念」とスピノザは強調する。真理を真理と言わしめる規範はすでにそこにある。だから、この規範の解明が、そしてそれだけが方法に具体的な実質を与える。方法は、真理から自生するのである。

ここから見当がつくように、方法は反省的認識あるいは観念の観念（idea ideae）以外の何ものでもない。そしてはじめに観念が与えられていないと観念の観念が与えられないのだから、このゆえに、はじめに観念が与えられていなければ方法は与えられないであろう。それゆえよき方法とは、与えられた真なる観念の規範に従って精神がどのように導かれるべきかを示すような方法だということになるだろう。（『知性改善論』

第38段)

「規範」(norma)は具体的な認識に先立つ一般的な基準や規則ではない。思考（スピノザが観念と呼ぶもの）が真であると言えるために当のその思考そのものがそなえている何かリアルなものである。それが何なのかを言うことはとても難しい。というのも、真理の規範は個々の真なる観念それぞれにそなわった何かなので、それぞれに即して示すほかないからだ。「観念の観念」とスピノザが言っているのはこのことである。以下、この規範の解明を見ていくことにしよう。

何が何を真とするのか

「真理」とは何か。何が、どういう点において、「真である」と言われうるのか。抽象的に考えてはならない。スピノザは別な著作（『形而上学的思想』第1部第6章）で、哲学者でなくふつう一般の人々の「真」という言葉の使い方から話を始めている。「真」という言葉は事物の性質ではなくて、もともと「語り」(narratio)について言われる言葉である。もし語られることがそのとおり実際に起こったのならそれは本当の話、すなわち真であり、もし起こらなかったのなら偽。これがもともとの意味であった。たとえば「シーザーはルビコン河を渡った」(ここではライプニッツの例を借りておく)。もしシーザーがルビコン河を渡ったのなら、この語りは真。渡らなかったのなら偽。哲学もこういう使い方を踏襲している。観念、すなわち「心中の語り」が事物をあるがままに語っているなら真、そうでなければ偽。すると、もっとも自然な言葉の使い方からすれば、「真」と言われうるのは観念(「心中の語り」)で、それが真と言われるのは事実と一致するからである、というふうに思える。事実との一致が観念を真なるものにする。これは哲学ではよく「真理の対応説」と呼ばれる立場である。

スピノザも、「真」という言葉の持っている対応説的な意味合いを否定しない。というか、それを離れると「真」という言葉で何を言おうとしているのかわからなくなる。だから「真なる観念はその観念対象と一致しなければならない」こと、これは『エチカ』でも文句なしに公理である(『エチカ』第1部公理6)。スピノザはこの「対象との一致」を、観念が真であると言えるための「外的標識」(denominatio extrinseca)と名付ける。観念の外の事実との関係で真であるとわかるからそう名付けるのである。

しかしこの「外的標識」が唯一の真理の手がかりだとすると、やっかいなことになる。観念と対象との一致というと、まるで絵と実物との関係のように聞こえる。絵が実物と一致していれば真、一致していなければ偽。これではうまくいかないとスピノザは言う

（『エチカ』第2部定理43の備考）。像と現実との対応一致というこのイメージのどこが不十分なのか。『知性改善論』の真なる観念の分析（第69〜71段）はこのことを明らかにする。

対象との一致と言うけれど、対象が現実に存在する事物や事態だとすれば困ったことになる。たとえば優秀なエンジニアがある装置を設計した。何から何まで完璧な設計で、ここを押せばここがこうなる、というふうにエンジニアは完璧に説明できる。このとき、そういう装置の観念は、たとえその対象である装置がまだ現実に存在していなくても、いや今後存在することがないとしても、やはり「真」であると言うべきではないか。言うべきであろう。実物なしに絵は真でありうる！

逆に、対象と一致しているからといってただちに観念が真だと言えるわけではない。たとえばAさんについてろくに知りもしない人が「人物Aは存在する」と語り、そして実際にAさんが存在しているとする。そのときその心中の語り、観念は、真だと言えるだろうか。言えまい。少なくともそういうデタラメを言っている人にとって、デタラメはデタラメである。たとえ実物と一致していても、真とは言えない絵がある！

要するに、観念は一致する対象が存在していなくても真になれるし、反対に、一致しているからといってただちに真だというわけでもない。真理の標識は観念とその観念の外にある現実との一致だ、というふうにはいかない（現代風に言えば、命題と事実との一致という対応説ではうまくいかないのである）。とすれば、真であると言えるための標識は、思考の外にあるものとの関係ではなく、むしろその思考そのものの内になければならない。スピノザはそういう内部にある何かリアルな標識を「内的標識」(denominatio intrinseca)と名付ける。

真なるものの形相を構成するものに関して言えば、真なる思考が偽なる思考から区別されるのは外的標識のみによってではなく、おもに内的標識によってである。［……］ここから、真なる観念を偽なる観念から区別する何かリアルなものが観念の中にそなわっているということになる。（『知性改善論』第69、70段）

そもそも観念を思考の働きから離れた「無言の絵」（『エチカ』第2部定理43の備考）みたいに考えるのが間違っているのである。観念と実物を外から見比べる視点など、どこにも存在しない。そうではないか、一致しているとかしていないとか言うそのことがすでに思考であり、心中の語りとしての観念なのだから。

しかし、真理が心中で決まるからといって、他の真なる観念との関係で決まるというわけでもない。たとえばあのエンジニアが自分の設計に確信を持つために神の存在を証明しておかなければならなかったとか、人間精神の本性の認識をまず持っていなければ機械の説明ができなかっただろう、とかいうことはない。それは、円の本質を理解するのにまずは三角形の本質を理解しておかねばならないということがないのと同じである（『知性改善論』第34段）。真なる思考はだから、ほかの思考に関係なく、それ自身で自らが真であるとわかっている。そうでなくてはわれわれは何も知りえなかっただろう（これは現代風に言うと「真理の整合説」の批判になっている）。

それゆえ、こう言わねばならない。

［……］真の思考の形相は、他の思考に関係なく、その思考自体の中に存していなければならない。そしてそれは対象を原因として認めることなく、かえって知性の力能と本性そのものに依存しなければならない。（『知性改善論』第71段）

これは方法の出発点の確認でもある。われわれには真なる観念が与えられており、そのことをその観念だけでわれわれは知っている。「2たす3は5」が真であることはタマゴの数に依存しているわけではない。そしてそれが真であることは「2たす3は5」以外の観念とは無関係に知られているのである。それゆえ、真理の確実性のためには真なる観念を持つということ以外にいかなる目印もいらない［……］。すでに示したとおり、知るためには自分が知っているということをわざわざ知る必要はないのだから。（『知性改善論』第35段）

思考はそれ自身がそれ自身によって真なるものとなっている。そうなるためにほかに何もいらない。「真理はそれ自身を隠れなきものとする」（『知性改善論』第44段）とはそういう意味である（これまた現代風に言うと一種の「真理の同一説」に近い）。しかし、真なる思考そのものの内に「内的標識」があるとして、それはいったい何なのか？

真理の内的標識とは何か

『知性改善論』の「虚構された観念」（idea ficta）の分析（第50〜64段）は、この「内的標識」の解明に当てられている。なぜ「虚構」が問題とされるのか。それは「真なる観念についてさえ疑う人々」すなわち懐疑論者が少なくないからである。彼らは真なる観念をすべて絵空事、すなわちフィクション、「虚構」（fictio）とみなす。もしそんなことが可能なら、真理は存在しないことになるだろう。逆に言うと、こういう同一視を事実上不可能にしている何かがあれば、それが真理の内的標識だということになる。

スピノザは虚構というものがそもそもどのような事柄について可能なのか、その限界をはっきりさせる。何でもかんでも虚構できるわけではない。「四角い円」のような「不可能なもの」、つまりそういうものを考えようとすると必ず矛盾をきたすようなものは虚構できない。虚構しようにも考えられないのだから。また「2たす3は5」のような「必然的なもの」、つまり、別様でありうると決して思考できないものについても虚構できない。5以外の答えがはじめから思考不可能なのに、「2たす3は5だと仮想してみよう」と言うのは奇妙である。別様でありうる可能性がいっさい考えられないものについて、虚構はそもそも成り立つ余地がない。

すると、虚構は、思考対象が不可能とも必然的とも知られていないあいだだけ生じうる。それ以外は決して生じえないということになる。


[……]私が虚構するとすれば、それは不可能性も必然性もまったく見えていないあいだだけである。実際、不可能性・必然性がもし理解されていたら、私は何ごとも虚構できなかっただろう。そして私はただ何かをやってみたと言われるだけであっただろう。(『知性改善論』第56段)

各人で試してみればよい。「四角い円」を虚構できるだろうか。虚構できるのはそれが不可能だということを知らないか、あるいは知らないふりをしているあいだだけである。「2たす3は5」について虚構できるだろうか。できるのはそれが必然だと知らないか、あるいは知らないふりをしているあいだだけである。こんなふうに、虚構ができるのはわれわれが事柄の不可能性あるいは必然性を知らないあいだだけなのである。

だから、もし虚構が成立するとしたら、それはたかだか「可能的なもの」についてでしかない、とスピノザは言う。私はAさんが今日訪問に来るとか、今日は在宅であるとか、勝手に虚構できる。Aさんがどういう存在か、どういう能力を持っているかという「Aさんの本質」だけを思い浮かべているあいだは、彼がああすることもこうすることも「ありうる」と想像できるからである。しかしそれもスピノザによれば、Aさんの行いが外的原因に依存する必然性・あるいはその不可能性を私が知らないあいだだけである。橋が壊れていたなら彼は来られない。さもなくば、借金取りたての欲望に駆られて必ず彼は来る。もし私が全知の存在でそのことを知っていたなら、Aさんの訪問という事態は必然的か不可能かいずれかであることがわかっていただろう。もうそのときには虚構はありえない。だから「もし何らかの神あるいは全知の存在があれば、そういう者はまったく何も虚構ができないということになる」(『知性改善論』第54段)。「可能的」というのは要するに、われわれがその必然性あるいは不可能性を知らないということの別の言い方にすぎないのである。

ここから、真なる思考を絵空事から区別するリアルな何か、「内的標識」が明らかになる。それは、語られている事柄の必然性にほかならない。言い換えると、真なる思考とは、自分が考えていることが別なふうでありうるとは決して考えることができないような、そういう思考である。

そしてこのことを知るために、思考はその思考自身以外に何も必要とはしない。それに事実との一致(外的標識)は要らない。むしろ事態は逆で、こういう必然性をわれわれの思考が知っているからこそ、一見偶然的に見える経験的事実についても何ほどか確かなことが言えているのである。

たとえば(またライプニッツから例を借りるとして)「シーザーはルビコン河を渡った」。シーザーのことをろくに知らないあいだは、これは虚構と見えるかもしれない。だが古代ローマの歴史を知れば知るほど、つまり残された手がかりからそういう事跡が生じたであろう外的原因の存在を知れば知るほど、「シーザーはルビコン河を渡らなかった」とは言いがたくなる。われわれは「シーザーはルビコン河を渡った」ということがどのような場合に必然的となるかを知っていればこそ、つまりその観念を真ならざる観念から区別する内的標識を知っていればこそ、事実の何をどう調べればそれを正当化できるかもわかる（ここが単なる虚構と「仮説」（『知性改善論』第57段）との違いである）。もしそうでなかったなら、事実との照合一致という外的標識もありえないし、何をどう照合してよいかもわからなかったであろう。「真なる思考が偽なる思考から区別されるのは外的標識のみによってではなく、おもに内的標識によってである」とスピノザが言うのはそのことである。

真理の規範

以上から、懐疑論者は何でもかんでも絵空事でありうると主張するが、それは彼が無知を装って、真なる観念を偽なる観念から区別する内的標識が見えてないふりをしているからこそ言えることなのだということがわかる。ここから「偽なる観念」が何であるかもわかってくるとスピノザは言う。事柄の不可能性が、ふりでなくマジに気付かれていない場合、それが偽なる観念なのである。たとえば魂に重さや形があるという本当は不可能なことを、偽なる思考は混乱して思い浮かべ、真実だと信じる。あるいは、紙の上に「2たす3」と書いてあるのに、勘違いして頭の中で2たす4の計算をやってしまい、「2たす3

は6」と書き出す。こんなふうに、虚構された観念がフィクションだと自覚しているところを、偽なる観念、勘違いをしている思考は現実だと信じ込んでいる。そこが違うだけである（『知性改善論』第66、67段、および『エチカ』第2部定理47の備考）。同意を差し控えるふりを続けていれば虚偽は回避できると懐疑論者が信じるのには、それなりの理由があるわけだ。

だから虚偽を矯正するには虚構を矯正するのと同じ規範をもってすればよい。偽なる思考は自分では偽だと気付かないが、真なる思考によって勘違いは解消する。いったん魂の本性が知られれば、それが重さや形を持つことは不可能だと知れる。計算式をよく見直せば2たす3が6になるわけがないことはおのずと知れる。「光が光自身と闇とをあらわすように、真理は真理自身と虚偽との規範である」という『エチカ』の有名な言葉（第2部定理43の備考）はこのことを意味している。

スピノザは名指しはしないけれど、デカルトのいわゆる方法的懐疑についてひとこと言いたかったのだろう。デカルトはわざわざ神のごとき全能の欺き手を想定し、こいつが欺いているなら「2たす3は5」も絵空事であるかもしれないと「疑う」。しかし、いかに欺かれようと、疑っている自分が存在するということだけは疑えない。この一事を支えにしてデカルトは神の存在を証明し、「2たす3は5」という真理の根拠をこの神の誠実さに基づける。

スピノザから見れば、これは何かよけいなことをしているのである。「2たす3は5」が虚構でありえないことはすでに見た。それに、神の真なる観念を考察すれば、三角形の観念からその内角の和が二直角に等しいことが見出されるのと同じくらい明瞭に、「欺く神」が不可能であることが理解される。デカルトはだから、懐疑論者と同様、真理の規範を見てみぬふりをし、真理を迂回しているのである。それはよけいな回り道であって、はじめから「明晰判明な観念は真である」と言えばよかったのである。じっさい、明晰判明とは心理状態のことではなく、事柄の必然性の知覚、別様にはありえないそのありえなさの知覚のあり方なのだから（『知性改善論』第79段）。

懐疑論者の秘密は「本当の疑い」をダシにして「すべては疑わしい」へと拡張する手管《てくだ》にある。何も知らない素朴な人は太陽が見かけよりもはるかに巨大で地球よりもずっと大きいなどと聞かされると、ショックを受け、ものの外見について、そして感覚的認識一般について本気で疑い始めるかもしれない。けれども視覚の本性をちゃんと理解すれば、太陽は今まで見えていたとおりに見えていて何も問題がないことが彼にもわかる（『エチカ』第2部定理35の備考を見てほしい）。スピノザによれば、疑いというのはこんなふうに、嫌疑をかけられる観念（太陽の見かけ）そのものから生じるのではない。よく理解されていない別な観念の横やりが入って、本当なら何の問題も生じなかったところに心の動揺が生じ、疑いが生じるのである。だから、疑いを退けるのはそう難しいことではない。よく理解できない観念は脇において明晰判明な観念、すなわち別様ではありえないという思考だけを相手にし、それだけを頼りに順序よく解決してゆく。それで何も問題はないのである（『知性改善論』第77、78、80段）。

こうして真なる観念が、探究の従うべき規範を与えてくれる（『知性改善論』第65〜68、75段）。すなわち、

（1）存在について。必然的としか考えられない事柄については絵空事はありえない。したがって、もし存在しないと考えることが本質に矛盾するようなものがあれば、それは必然的に存在していなければならない（きっとそれは「神」と言われているものであろう）。また例のシーザーの事跡のように、存在するかどうか、シーザーの本質だけからは何とも言えない事柄でも、それがどういう外的原因のもとで存在しうるかを知り、同時に自然の因果秩序に注意するよう心がければひどく間違いはしない（科学とはそういうものであろう）。

（2）本質について。「樹木がしゃべる」みたいな事物の本質に関する絵空事は、はっき

りしない観念の合成からしか生じない。必然的に別なふうにはありえないと知られるごく単純な事物の観念から合成してそんなことが言えるかどうかを調べれば、ことの真偽ははっきりする。

（3）上のことはひとことで言うと、自然（それはあとで見るように、要するに必然的なものの総体である）を認識すればするほど、それだけわれわれは勝手な想像が難しくなる、ということである（『知性改善論』第58段）。それゆえ、「できるだけ抽象的なすすみ方を避けて、できるだけ早く自然の第一の要素から、言い換えれば自然の源泉と根源とから出発する」こと。これが肝要である。

この三番目の指針については、もう少し説明が必要だろう。

知性の謎

なぜそこで「自然の源泉と根源」みたいなものが出てくるのか。ここを理解するために、再度、知性が何をしているのか、というか、知性に何ができてしまっているのか、考えてみよう。

観念、すなわち何かについての思考は、それ自体で見ると一種の「感じ」だとスピノザは言っている。われわれは真なる観念がある種の必然性の知覚だということを見てきたが、この必然性は思考のどこのあたりに感じられているのだろう。

たとえば球の概念を形成するために「半円が中心の周りを回転してこの回転から球がいわば生じる」とする。この観念は、自然の中でそんなふうにして生じる球体が一個も存在しなくても、もちろん真である。

簡略化すると、

半円が回転すると球が生じる

もっと簡略化すると、

半円が回転→球

一般化して書けば、

原因P→結果Q

必然性はこの「→」のところで感じられている。原因Pのところ、すなわち「半円が回転する」というところは、スピノザの言葉で言うと「好き勝手な」(ad libitum) 虚構、想定である。半円がどうしても回転しないといけない必然性はないのだから。しかしこういう原因P(「近接原因」とスピノザは呼んでいる)の虚構は、「半円」とか「回転」とか、非常に単純な観念からできているので、この虚構自体を別なふうに勘違いする余地はない。だからこそ、「半円が回転する」ならどういう結果Qが生じるかがそこから間違いなく導ける。すなわち必然的に「球」が生じるのである。これが球の真なる観念、球の概念である(『知性改善論』第72段)。事物を概念的に定義するには、こんなふうに「どのようにして、またなぜ、何かがありあるいは何かが為されたか」を近接原因の記述で示せばよい(『知性改善論』第85、96段)。

しかし、近接原因Pのところを、もちろん単純で間違いようのない観念だけを用いてであれ、「好き勝手に」虚構できてしまう、というのはやはり不安な感じがする。いったいこういう能力は好きなだけ、どこまでも「無際限に」拡張していけるものなのだろうか、とスピノザは問う。いな、そうでないことは確かだ。

なぜなら、われわれがある事物について、その事物の概念の中に含まれていない事柄を肯定するとき、それはわれわれの知覚の蝕（defectus）を、あるいはわれわれがいわば切断され欠損が生じた（mutilatas quasi et truncatas）思考ないし観念を持つという事態を意味しているからである。たとえば、われわれが見たように半円の運動という観念は、それが精神の中に単独に存在するときは偽であり、その同じ観念が、球の概念またはそうした運動を規定する何らかの原因の概念と結び付くなら真なのであるから。（『知性改善論』第73段）

どうして「なぜなら」なのか。ここの理解はちょっと難しい。説明しよう。

「半円が回転↓球」の「↓」のところの必然性は、語られている事物（球）を対象として成立させる必然性を示している。この必然性を感じているということが、事物（球）について真なる観念を持っておりそのことを知っているということだ。だから「↓」のところが真理の「内的標識」であると理解してよい。ただ注意しなければならないのは、「↓」だけでは何のことかわからず、あくまで「半円が回転↓球」という完全な姿をした「球の概念」の中で「↓」の必然性が感じられるようになっているということである。

いま何らかの理由で「↓球」のところがわれわれの精神の視界から消えて、「半円が回転」のところだけが残るとしよう。

半円が回転→球

半円が回転

観念はすべて対象についての語りだから、対象の肯定を含んでいる。一部が視界から消えて残った「半円が回転」という観念は何を肯定しているのだろうか。当然、「半円は回転する」と肯定しているのである。この観念は偽である。半円が回転する必然性は何もないのだから。そのときわれわれは「半円」の概念の中に含まれてもいない「回転」を肯定し、なんで回転しているのかわけもわからずクルクル回転する半円を夢見ているのである。これが「知覚の蝕」、「切断され欠損が生じた思考」とスピノザの言っている事態にほかならない。何らかの理由で完全な概念の一部だけが「単独に」われわれの精神の中に残ると、こんなことになる。

すると観念、すなわち思考には、事物の概念にぴったりみあった「十全な観念」と、蝕、すなわち視界からの一部消失を被ってどこかが不足になっている「非十全な観念」があるわけだ。「球」の場合、真なる観念とは、「半円が回転→球」にぴったりみあっていて「→」の必然性を感じ取っている十全な観念のことであり、偽なる観念とは、一部欠損した残りの「半円が回転」のところだけを知覚している非十全な観念のことなのである。

こうして先のテキストの「なぜなら」の意味が理解できるようになる。すなわち、われわれの精神が単純な観念を「好き勝手に」形成してかまわないのは、それを使って事物の充足した概念を構成するその限りにおいてであって、だからこそ、単純な観念を形成するわれわれの能力は野放図に拡張できはしない、とスピノザは言っているのである。

すると、ここの議論のポイントは、人間知性は有限だといったありきたりの話ではない。むしろ、われわれの知性が実はそれ自身で充足した巨大な事物思考の一部分であるという可能性を示唆している。ここでスピノザが見せる展開は、何度読み返しても、実に驚くべきものがある。

真なる思考、すなわち十全な思考を形成することは思考する存在の本性に属するとさしあたり思われるが、さてもしそうなら、非十全な観念はたしかに次のことから、すなわちわれわれはある思考する存在の一部分であって、その存在の持っている思考のあるものは全部そろって、あるものは部分的にだけわれわれの精神を構成していると

いうこと、ただこのことからのみわれわれの中に生じるということになる。(『知性改善論』第73段)

先に見たような「知覚の蝕」が存在する限り、そういう部分的欠落を可能にしている構造がなければならない。それは、われわれが、いっさいの事物をあるがままに知覚しているある巨大な思考する存在の局所的な一部分である、ということだ。もしそんなふうになっているとしたら、われわれが真偽をちゃんと区別して感じる知性を持っているという事実も説明できる。すなわち、そういう巨大な思考のあるものが全部そろった完全な概念としてわれわれの精神を構成しているときわれわれは真なる観念の「↓」を感じており、巨大な思考のあるものが部分的にだけわれわれの精神を構成しているとき、われわれは必然性の感じを失って非十全な観念を感じている。

空恐ろしい話になってきた。この巨大な思考はおよそ真でありうる思考の全体を限っている。真であるとは必然であるということだったから、この思考は事物の必然性の全体を限っている。そして、「真なる観念はその観念対象と一致しなければならない」以上、この極大思考が考えている世界の外にはもはや何ものも存在しない。

このものこそ確かに唯一なるもの、無限なるものである。言い換えればそれは在るということのすべて(omne esse)であり、それをほかにしてはいかなる在るということも存在しないのである。(『知性改善論』第76段)

これが「自然の源泉と根源」とスピノザが呼んでいたものだ。それは世界の限界、思考の限界である。その内でいっさいの事物とそれについての思考が存在し、その外には何もない。というか、その外というものがそもそも思考不可能な、それゆえ無限かつ唯一なる世界なのである。「唯一なるもの」「無限なるもの」とはそういうことだ。もしこういうものについて観念を形成するなら、「半円が回転」のように偽になるということは不可能であろう。なぜなら、そういうものの観念にはいっさいが必然的に含まれているのだから、われわれの思考がそこに含まれていない何かを肯定するということは論理的に言って不可能だからである(同じく『知性改善論』第76段)。

こうして、事態が次第に明らかになってくる。われわれの知性がなぜこんなふうになっているのか、それを説明するのは「自然の源泉と根源」である。両者のあいだには、一体的なつながりがおそらくある。道は、はじめは予感でしかなかったものがわれわれの真理経験の中で具体的に触知できる地点まで導いてきたわけだ。

知性とはどういうものだったのか。いま一度スピノザは振り返って、その特徴を列挙してみる（『知性改善論』第108段）。それは事物の持っている必然性を思考の必然性として感じる何かである。それは単純な事柄については、何の前提もなしにいきなり、真なる観念を持っていると知っている。まずは真理を肯定し、否定はあとにしか来ない。ものごとを必然として捉える。必然というのは未来永劫、別様でありえないということだから、「永遠の相のもとに」捉えるということである（逆に言うと、そうでないふうに捉えるのは知性でなく、事物を必然とも不可能とも知らずに思い浮かべるイマジネーション、表象作用である）。またそれは必然性を捉えるためにさまざまな「近接原因」を想定する自由度を持っている。それがアクセス可能な完全概念には内容の大きさにさまざまなものがあり、その極大概念は自然の源泉と根源を表現する概念である。さて、以上すべての特性を持った「知性」、われわれの内にありながらますます謎めいてくるこの能力、これはいったい何ものなのか？　この問いを解くためには、それが「どのようにして、またなぜ」存在しているのかを説明する最近原因の記述が求められるだろう（スピノザはこの記述をこの論文では「定義」と呼んでいる（『知性改善論』第96段））。

他方、知性の謎を解く鍵となる「自然の源泉と根源」について言えば、もはやそれ自身は他のもので説明される必要がないものでなければならない。とすれば、それは、自分で自分がかくあるということの説明になっているようなものとして記述されねばならないだろう（『知性改善論』第97段）。（これがあとで「神あるいは自然」と名付けられるものである。）

『知性改善論』の道は、こんなふうに知性の謎の提示とその解法の暗示で終わっている。あとは、求められた説明を、方法が見出した規範に従って実際にやってみるだけだ。「魂におけるこの探究がどんなものかについては私の哲学の中で説明される」とスピノザは注を付けている（『知性改善論』第36段の注）。『知性改善論』のこの予告は果たされる。実際、『エチカ』は第1部「神について」で「自然の源泉と根源」の概念を形成し、第2部「精神の本性および起源について」で、いま求められた記述を与えることになるであろう。われわれは、『エチカ』の門前にまで来ているのである。

3

神あるいは自然

『エチカ』

というわけで、『エチカ』に入っていくことにする。

おさらいをしておこう。われわれの知性には自分勝手に虚構できない真なる観念がいくつか与えられており、知性はそのことを知るのにこの観念以外、何もいらない、というふうになっている。さて、事態がこんなふうになっているためには、世界はどうなっていなければならないか。これが『エチカ』の解くべき問いである。

たいていの哲学者は、人間精神が真理に到達しているとどうして言えるか、と問う。真理に到達していると言えるためには、精神はどのように世界を認識していなければならないのか、これが大問題になる（これはどうも解けそうもない気がする……）。ところがスピノザは反対に、現に若干の真理に到達しているわれわれの精神のようなものがこの世に存在するには、世界はどうなっていなければならないのか、と問う。問い方がまったく逆なのである。『エチカ』が用意する答えは、まっとうだが、あまりにまっとうすぎてかえって奇妙に聞こえるかもしれない。先取り的に言っておくと、世界そのものが真理でできており、われわれは真理でできているその世界の一部分だということ、これがその答えである。

と言われても……。いや、スピノザの考えているのは、おおよそこうである。真なる思考は、それが真であるためには、思考されている事柄と一致していなければならない（これはよし）。逆に、現実の中にある事柄で、それを対象とする真なる思考に一致しないようなものはない（これもよし）。とすれば、なぜか自らの必然性だけで全現実をあますことなく生み出している存在X（神＝自然？）があって、このXが同時に、自らが生み出しているというそのことを同じ必然性で思考している、と考えればよいのではないか。そうすれば、思考と存在が完璧に対応一致する絶対的な真理空間がそのXとともに与えられるだろう。この真理空間の中に無いような真理はないのだから、われわれの真なる思考も、その真理空間の何らかの一部分を占めているに違いない。こう考えれば、ばらばらな存在のわれわれが、知性においては全員同じ真理に到達するという、ちょっとありそうもない事態の説明もつく。

だいたいそういう考えである。詳細はあとにして、いまは『エチカ』がある種の説明の体系だということを覚えておこう。

そこで、『エチカ』がしなければならないのは次のことである。

（1）それ自身の有（かくあること）以外の何ものも説明のために必要としないX（神＝

自然？）について、概念を形成すること。
（2）われわれの知性YをそのⅩによって説明すること。
（3）そういう説明からわれわれ自身について何が言えるようになるか、見届けること。

第1部「神について」は、その題名どおり課題（1）に取り組む。（2）には第2部「精神の本性および起源について」が当たる。そしてあとの第3部から第5部が（3）を担当する。いま一度『エチカ』の構成を確認しておこう。

第1部「神について」
第2部「精神の本性および起源について」
第3部「感情の起源および本性について」
第4部「人間の隷属あるいは感情の力について」
第5部「知性の力能あるいは人間的自由について」

手はじめとして、この章では第1部「神について」を中心に、それ自身がそれ自身の説明になっているようなⅩ、「神あるいは自然」というスピノザの考えを追っていくことにする。

幾何学的証明

「神あるいは自然」(Deus seu Natura)。「神即自然」と訳されることも多いこの言葉はたいへん有名で、ほとんどスピノザ思想のキャッチコピーの感がある。すべてを包み込む大自然みたいなものを思い浮かべさせるのか、受けがよい。が、スピノザの考えているのは、実はもっと身も蓋もない、無気味な存在露呈といった感じのするものである。どんなものかちょっと見ておこう。『エチカ』第4部の序言からである。

実際、われわれは自然が目的のために働くものでないことを第1部の付録で明らかにした。つまりわれわれが「神あるいは自然」と呼ぶあの永遠・無限の実有は、それが存在するのと同じ必然性をもって働きをなすのである。事実、それがその存在するのと同じ本性の必然性によって働きをなすことはわれわれのすでに示したところである(第1部定理16)。したがって「神あるいは自然」は、何ゆえに働きをなすかの理由ないし原因と、何ゆえに存在するかの理由ないし原因が同一である。ゆえにそれは、何ら目的のために存在するのではないように、また何ら目的のために働くものでもな

い。すなわち、その存在と同様に、その活動もまた何の原理ないし目的も持たないのである。（第4部序言）

とにかく何かがある。その何だかわからんがとにかく在るもの＝「実有」の概念を突き詰めていくと、こういうかなり無気味なものが出てくる。スピノザは神から始めるとよく言われるが、そうではない。むしろ「神」は、これから見るように、公理から演繹されて、いわばどうしてても出てきてしまう、ある種避けがたい論理的帰結なのである。

『エチカ』は説明の体系だと先に言った。「説明」という言葉は『知性改善論』のスピノザ自身の表現である。理解できなければ説明ではない。理解は「半円が回転→球」というふうに理由ないし原因によって与えられ、その「→」の必然性が真理の規範だった。とすれば、途切れない「→」だけで全部ができているような説明が望ましい。そんなやり方があるだろうか？　ある。お手本はユークリッドの『幾何学原論』である。

ユークリッド幾何学は、幾何学図形に関して真と思われるすべての命題を「定理」として導き出せるような一個の公理的理論である。「理論」は、「点」とか「直線」とかいった主要タームの「定義」と、「二点を通る直線は一つしか引けない」みたいに自明とみなされるいくつかの「公理」から成る。これら定義と公理から「定理」を演繹する手続きが

「証明」と呼ばれる。だれもが一度は学校でやったはずだ。

証明は「→」の連鎖でできている。このように公理化された理論は、一つの証明機械と考えてもよい。定義と公理でできたユークリッド証明機械がユークリッド幾何学のありとあらゆる真なる命題を定理としてアウトプットする。どれだけの定理が導けるのかは、まあやってみないとわからない。しかし、とにかくユークリッド空間の図形に関する真なる命題なら何であれ、必ずこの「理論」から演繹される定理の一つでなければならない、という限界付けはある。だから、新たに証明発見された命題でも、もしそれが真なる命題であるならば、いわばはじめからこの「理論」の定理であったのでなければならない。

『エチカ』もまた、一個の証明機械とみなすことができる。ただ、そこから定理として演繹されて出てくる命題が、図形でなく「実在」に関する命題であるという違いがあるだけだ。『エチカ』で稼働する証明機械、これは『知性改善論』の言っていたあの「霊的自動機械」を思わせる。

［……］真の観念は単純であり、あるいは単純な観念から合成されていて、どのようにしてまたなぜある事物が存在しあるいは生起したのかを示すこと、ならびに、その想念的帰結が精神の中で対象の形相性［＝対象それ自身としてのあり方］に対応して進展することをわれわれは説いた。これは古人が、真なる知は原因から結果へとすすむと言ったのと同じ意味である。ただ彼らは、私の知るところでは、ここでのわれわれとは違って、魂が一定の法則に従って働き、ある種霊的自動機械のごときものであるということを決して考えていなかっただけである。（『知性改善論』第85段）

われわれの知性は「↓」の必然性の感覚だけで作動するオートマトン（自動機械）である。たとえそれが仮説的な虚構でも「虚構された事柄が本性上真ならば、精神がこれに対して理解につとめ、かつそれから帰結する事柄を正しい秩序に従って演繹し始めるときには、何らの中断なしに首尾よくそれを続けていける」（『知性改善論』第61段）。続けていけるかどうか、それはやってみないうちはわからない。

このように見てくると、『エチカ』のちょっと風変わりな書き方の意味がわかる。要す

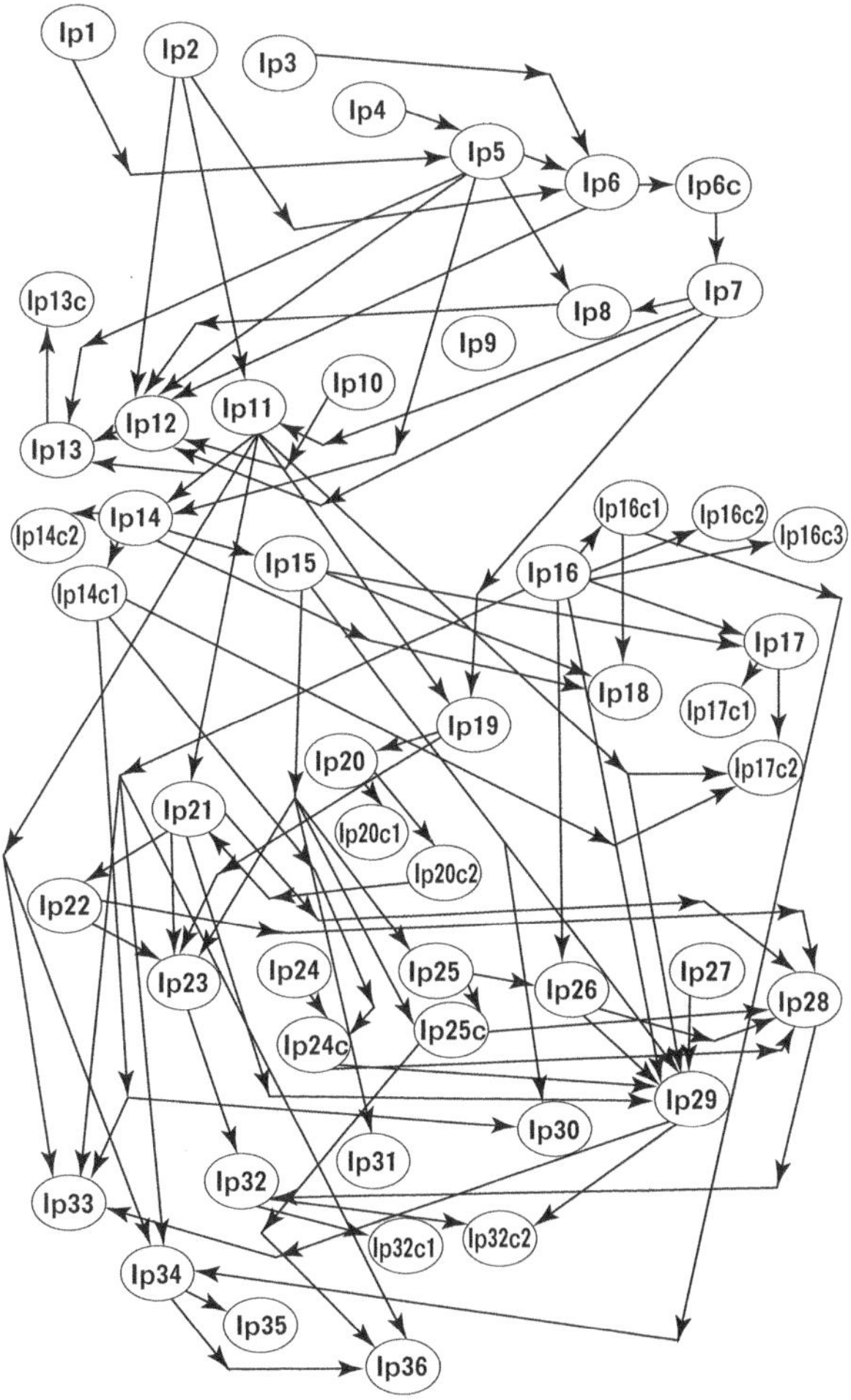

図 1　『エチカ』第１部の定理証明の導出。第５部までこの調子でつながってゆく。Ipは定理、cは系（定理から容易に導かれる命題）を示す。

るにこれは、ある種の仮設的な実験なのだ。われわれの知性に若干の真なる観念が現に与えられており、われわれが真理の規範を感じ取れる存在であるという事実、これを説明するのに十分な公理的理論を、まさにその真理の規範に従って知性を稼働させながら作ってみること。『エチカ』はそういう実験をやっている。

じっさい、スピノザはいったいあんなものをどうやって書いたのだろう、と不思議になることがある。なにしろ邦訳にして文庫上下二冊分、五部仕立て、これを全部幾何学的秩序で書くというのは大変なことである。おおまかな見通しは立てていたとしても、つごう二百五十九にのぼる定理がはじめからわかっていたはずはない。しかし、定理の導出が実験的に進行していったのだと考えれば、合点がいく。もちろん定義や公理の手直しはあっただろうし、予想しない定理の発見もあったに違いない。しかしいっさいは、何らの中断なしに首尾よく定理が導かれていって、しかもその定理が、そんなふうにできるということ自体の説明になっていく、という点にかかっている。幾何学的に書くこと、それは主張でもなければ説得でもない。知性が自分のいる空間を次第に発見していく思考の実験なのである。

実体とは何か

「神」は出発点ではなくて、むしろ定理として導かれると言った。事実、「神」がはじめて登場するのは定理11で、それまでは出てこない。それまで何をやっているのかというと、ひたすら「実体」なるものについての定理導出に専念しているのである。順序としては、まず「実体」の内実が明らかになって、それから、実は「実体」と言っていたのは「神」のことだったんだ、と定理11が出てくる。

「実体」＝「神」

ちょっと面倒だけれどスリリングなところなので、しばらく導出のプロセスを追いかけてみよう。こんなふうである。

まず定義をする。

「実体」とは、それ自身の内にありかつそれ自身によって考えられるもの、言い換えればその概念を形成するのに他のものの概念を必要としないもの、と解する。（定義３）

「様態」とは、実体の変状、すなわち他のものの内にありかつ他のものによって考えられるもの、と解する。（定義5）

これは定義だから、「なぜそう解するの？」とか「実体や様態ってほんとうにそんなものなの？」とか問うてもしかたがない。とにかくそういうことにしておく、ということである。いま何かがあるとすると（何もないなら話はおしまい）、それは「それ自身の内にあるか、それとも他のものの内にあるか」のいずれかだ（公理1）。定義はこの二つのケースをカバーしている。つまり、何かが存在するなら、それは「実体」か「様態」か、そのいずれかで尽きていることになる。これだけでは抽象的なので、ああ、これはたしかにしかじかの実体なんだ、とわかる具体的な手がかりを「属性」として定義する。

「属性」とは、知性が実体についてその本質を構成していると知覚するもの、と解する。（定義4）

「実体」「様態」「属性」。難しく聞こえるが、これはみな当時の学者が普通に使っていた用語である。さしあたり（あくまでさしあたりだけれど）、リンゴは「実体」、リンゴを他の果物から区別できる手がかりとしてのリンゴ性みたいなのが「属性」、そして、同じリンゴもいろいろ色つやが変わるので、それを「様態」、というふうにイメージしておけばよい。スピノザはただ、そういう哲学的ジャーゴンを厳密に定義し直すということをしているのである。ついでに言っておくと、「すべて在るものはそれ自身の内にあるか、それとも他のものの内にあるか、そのいずれかである」というような先の公理。これも、「なぜそんなことが言えるの？」と問うてもしかたがない。まあそれはそうだとしか言えないぐらい単純で自明なので、証明抜きで認めておきましょうという公理になっている。『エチカ』はこんな定義と公理でいきなり始まるので取りつく島がない印象を与えるが、これは公理化された理論の仕様だからしかたがない。一種の仮定というふうに理解しておこう。そこから現実を説明する定理がうまく導けさえすれば、それでよいのである。ほかにもどんな定義と公理があるか、参考のため別表（八五頁）にしておこう。

これら定義と公理のセットのうちのいくつかから、「実体」についての定理が導かれる。

（1）唯一性——まず、もしこの世に「実体」が存在するなら、それはその類において唯一でなければならない、という定理が導かれる。いま仮に、A属性を持つ実体があるとする。ふつうに考えるとそういうA実体は同じ種類でいくつあってもかまわないように見える。A実体$_1$、A実体$_2$、A実体$_3$……みたいに。しかし、それは間違いである。複数のものを区別する具体的な手がかりは、定義からして属性の違いか様態の違いかしかない。ところが様態は定義によりそれ自身では考えられないので、まずどの実体かが決まらないと違いをうんぬんする意味がない。いま問題はどの実体かということなのである。すると区別の手がかりは属性の違いしか残らない。ところがいまは同じA属性の実体を仮定しているのだった。同じ属性なら当然、区別できないわけで、ということはつまり、A属性を持つA実体$_1$、A実体$_2$、A実体$_3$……のような区別は不可能だということだ。ゆえに、「自然の内には同一本性あるいは同一属性を有する二つあるいは多数の実体は存在しえない」(定理5)。A属性の実体は一つしかないし、B属性の実体は一つしかない。つまり実体は何であれ、その類において居並ぶもののなき唯一者であり、A属性・B属性といった属性はどれもが唯一性のしるしだ、ということになる。

(2)自己原因と永遠性——次に、もし「実体」なるものが存在するなら、それは自分で自分を存在させている、つまり「自己原因」でなければならない、ということ。いま仮に、A属性を持つ実体とB属性を持つ実体があるとしよう。属性は定義からして他のものなしにそれ自身で独立に知覚される(そうでないと、それ自身で考えられる実体の手がかりにならない)。すると、A属性とB属性はそれぞれ別個にそれ自身で考えられねばなら

定義1　「自己原因」とは、その本質が存在を含むもの、あるいはその本性が存在するとしか考えられえないもの、と解する。
定義2　同じ本性の他のものによって限界付けられうるものは「自己の類において有限である」と言われる。たとえばある物体は、われわれがつねにより大なる他の物体を考えるがゆえに、有限であると言われる。同様に、ある思考は他の思考によって限界付けられる。これと反対に、物体が思考によって限界付けられたり思考が物体によって限界付けられたりすることはない。
定義3　「実体」とは、それ自身の内にありかつそれ自身によって考えられるもの、言い換えればその概念を形成するのに他のものの概念を必要としないもの、と解する。
定義4　「属性」とは、知性が実体についてその本質を構成していると知覚するもの、と解する。
定義5　「様態」とは、実体の変状、すなわち他のものの内にありかつ他のものによって考えられるもの、と解する。
定義6　「神」とは、絶対に無限なる実有、言い換えればおのおのが永遠・無限なる本質を表現する無限に多くの属性から成り立っている実体、と解する。
定義7　自己の本性の必然性のみによって存在し、自己自身のみによって活動に決定されるものは「自由である」と言われる。これと反対に、ある一定の様式において存在し・作用するように他から決定されるものは「必然的である」、いやむしろ「強制される」と言われる。
定義8　「永遠」とは、永遠なるものの定義のみから必然的に出てくると考えられる限りでの、存在そのもののこと、と解する。

公理1　すべて在るものはそれ自身の内にあるか、それとも他のものの内にあるか、そのいずれかである。
公理2　他のものによって考えられえないものはそれ自身によって考えられねばならない。
公理3　与えられた一定の原因からは必然的にある結果が生じる。反対に、何ら一定の原因が与えられなければ結果の生じることは不可能である。
公理4　結果の認識は原因の認識に依存しかつこれを含む。
公理5　互いに共通点を持たないものはまた互いに他をもとに認識されることができない。すなわち一方の概念は他方の概念を含まない。
公理6　真なる観念はその対象と一致しなければならない。
公理7　存在しないと考えられうるものの本質は存在を含まない。

ず、当然、属性の違うA実体とB実体のあいだに共通点はない。共通点がなくまったく断絶している以上、A実体をB実体から説明したり、逆にB実体をA実体から説明することはできない。これは、A実体がB実体を原因とするとか、B実体がA実体を原因とするとかいうふうに考えることはできないということだ。とすれば、もしA実体やB実体のようなものが存在するなら、それはどれも他の実体から生み出されないで存在している、つまり自分自身で存在している「自己原因」である、ということになる。ゆえに、「実体の本性には存在することが属する」(定理7)。自己原因とは、定義により、もしそういうものがあるならその本質が必然的に存在を含むもの、のことなのだから。

ついでに言うと、必然的に存在を含むということは、時間で説明できない存在だということである(三角形の内角和が二直角であるのが時間と無関係に真であるのと同じように)。そういう必然的な存在のことを定義してスピノザは「永遠」と名付ける。すると、あらゆる実体は永遠でもなければならない。

(3) 無限性の証明——実体はみな必然的に無限でなければならない、ということ。いま仮にA属性を持つA実体があるとする。A実体が有限であるためには、何か他のものによって限界付けられねばならない。属性が違うと無関係になってしまうので、限界付けるものは同じA属性でなければならないだろう。するとそいつもまた、必然的にそれ自身で存在するようなA実体であることになってしまう。だが同じ属性で二つの実体はありえなかったのだった。ゆえに、実体を限界付けるものはそもそも考えられず、「あらゆる実体は必然的に無限である」(定理8)。

というわけで、実体は図2のようになっている。もうリンゴのたとえですむようなものでなくなっているのは明らかである。当時の用語を用いながら、スピノザはそれを証明機械に放り込む。すると、だれも見たことのないものが出現する。「実体」と名付けられたものは、もしそんなものがあるとすれば、必然的にその類において唯一であり、自己原因的であり、永遠かつ無限であるとしか考えられない。それって神のことではないだろうか? 必然的に存在する永遠・無限なる唯一者のことを、人はずっと「神」と呼んできたのではないか? しかし、A実体、B実体、C実体というふうな実体がみな神だったら、属性の数だけ神が増殖してしまわないか? ちょっと心配だが、かまわず『エチカ』はすすんでいく。われわれもそのあとを追ってみよう。

A属性の実体(唯一・自己原因・永遠・無限)
B属性の実体(唯一・自己原因・永遠・無限)
C属性の実体(唯一・自己原因・永遠・無限)
⋮

図2

神とは何か

「神」を定義する。

「神」とは、絶対に無限なる実有、言い換えればおのおのが永遠・無限なる本質を表現する無限に多くの属性から成り立っている実体、と解する。(定義6)

なぜ？　とまた言いたくなるところだが、そう解するということにする。『エチカ』が一種の実験だということを思い出そう。よい定義かどうかは定理の導出の首尾いかんにかかっている。神とは全知全能のものである、とか、永遠で無限なものである、とか定義してもよさそうなものだが、スピノザは、そういう形容詞で定義してもだめだと考えていた（『知性改善論』第97段）。形容詞をいくら重ねても、形容される実名詞なしでは宙に浮く。たとえば無限なもの、とか言っても、何のどういうところが無限なのかわからない。それでいまのような定義をする。「神は無限に多くの属性から成り立つ実体である」。そういうことにする。ここからが見ものだ。

A属性を持ったA実体、B属性を持ったB実体、C属性を持ったC実体……等々があるとしよう。A実体はA属性に関するおよそすべてのリアリティ（事物性）を尽くしている。

B属性についてはB実体が尽くし、C属性についてはC実体が尽くし……以下同様。それならいっそのこと、これらA属性、B属性、C属性……を全部持っている実体Xを考えてはどうか。その実体Xはおよそありうるすべてのリアリティを尽くしていることにならないか。当然なるであろう。その実体Xが「神」である(図3参照)。

A属性の実体（唯一・自己原因・永遠・無限）
B属性の実体（唯一・自己原因・永遠・無限）　実体X＝神
C属性の実体（唯一・自己原因・永遠・無限）
⋮

図3

もういちど最初から考えてみよう。「属性」とは、ああこれは実体だ、それ自身で考えられねばならぬ何かだ、と察知できる具体的な手がかりのことだった。そしてわれわれは属性ごとに、実体がどんなものでなければならぬかを見出した。実体はどの属性のもとでも永遠・無限で唯一なるものとして現れたのである。だったら、どの属性のもとでも永遠・無限で唯一なるものとして現れるような実体Xを考えない手はない。

> これからわかるのは、たとえ二つの属性がリアルに〔=事物性として〕区別されて考えられても、言い換えれば一が他の助けを借りずに考えられても、われわれはそのゆえにその両属性が二つの実有あるいは二つの異なる実体を構成するとは結論しえないことである。

神は無限に多くの属性から
成り立っている

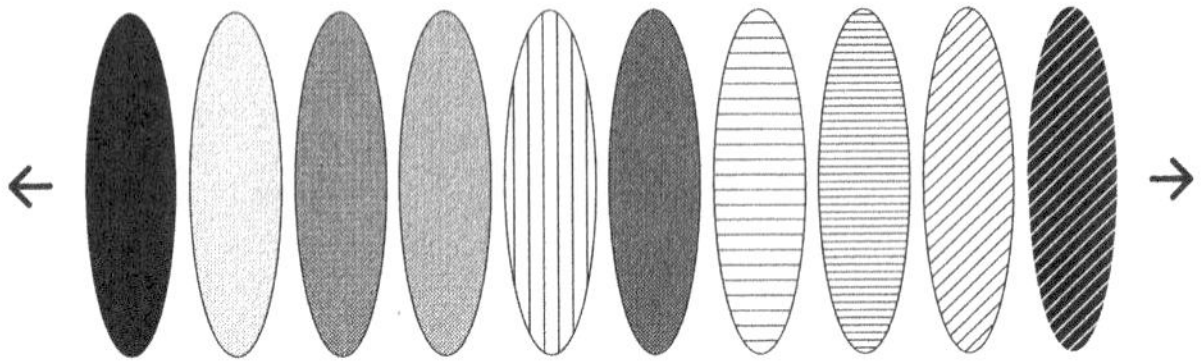

実体：それ自身の内にありかつそれ自身によって考えられるもの。
属性：そういうものだとわかる表示。おのおのが神の永遠無限の本質を
表現している。

図4

事実、その属性のおのおのがそれ自身によって考えられるというのは実体の本性なのである。なぜなら、実体の有するすべての属性はつねに同時に実体の中に存し、かつ一が他から産出されえず、おのおのが実体のリアリティあるいは有［＝何かとしてあるということ］を表現するからである。ゆえに一実体に多数の属性を帰することは少しも不条理ではない。それどころか、おのおのの実有がある属性のもとで考えられなければならぬこと、そしてそれはより多くのリアリティあるいは有を持つに従って必然性すなわち永遠性と無限性とを表現するそれだけ多くの属性を持つこと、そうしたことほど自然において明瞭なことはないのである。したがってまた、絶対に無限な実有を、おのおのが永遠・無限な一定の本

質を表現する無限に多くの属性から成り立っている実有（われわれが定義6で述べたように）と定義しなければならぬことほど明瞭なこともない。（定理10の備考）

要するに、「神」をあんなふうに定義しておけば、われわれはすべての事物性を尽くすもの、すなわち「在るということのすべて」（omne esse）、について説明する定理を導くことができるというわけである。これまで属性ごとに表現されていた実体のリアリティを無限に反復・重畳し尽くしている究極の実体X。言ってみれば「怪人二十面相」みたいなもので、実体とわかる無限なるすべての顔を持つ唯一者、それが「神」なのである。

神の存在証明(?)

さて、「実体の本性には存在することが属する」（定理7）のだった。もし実体が存在しないとすれば矛盾する。いま、神は実体である。よって、「神、あるいはおのおのが永遠・無限なる本質を表現する無限に多くの属性から成り立っている実体、は必然的に存在する」（定理11）。

これで神の存在が証明されたと言われると、狐に化かされたような気がしないでもない。だって、あのときはA実体とB実体は属性が違う、そのゆえに互いに無関係だから、一方が他方の存在の理由、つまり原因にはならない、ゆえに、もし実体があるとすればどの実体も自己原因である、という証明だったはずだ。それがいまは、もし実体があるなら自己原因でなければならないという話から、神は実体だから必然的に存在する、本当に存在するのだという話になっている。これでいいのだろうか？　ここには二つの疑問がある。

一つめは、実体をA実体、B実体というふうに複数想定しておいて証明できた定理が、オンリー・ワンの実体Xにも適用できるのか、という疑問である。スピノザはおそらくこう考えているのだろう。あのときの証明のポイントは、何であれ実体を考えるなら、それは他のものからは生み出されえない、という点にあった。生み出すような他のものがもしあるなら、それは当然、属性において区別される何かでないといけない。それ以外に、ある実体にとっての「他なるもの」を考えるすべはなかったのである。このことは、いまの実体Xにもあてはまるだろうか。あてはまる（定理14の証明）。実体Xを生み出すような「他なるもの」を考えようとすると、Xが実体だとわかる属性（たとえばA属性）とは異なる、別な属性（たとえばB属性）の実体を考えるほかない。しかし属性の異なるものどうしのあいだに説明関係、因果関係は考えることができない。ゆえに神もやはり他から生み出されえず、したがって自己原因であり……。

もう一つの疑問はこうである。それまでは「もし実体があるとすればそれは必然的に存在するとしか考えられない」という話だった。ところがいまは、「だから必然的にそれは存在する」という定理になっている。そうとしか考えられないからといって、現実にもそうなっているとどうして結論できるのか。これは哲学史で「神の存在論的証明」と呼ばれるものにずっとつきまとっている疑惑である。

「存在論的証明」にはいくつかバージョンがあるが、基本的には「神には存在するということが必然的に属する」と認めさせておいて、「だから神は必然的に存在する」と結論する。問題はその、思考必然から現実への移行である。頭の中で「ううむ、たしかに存在しないような神は神とは言えなくなるよなあ」と納得したからといって、「だから神は現実に存在しているのだ」と言うだろうか。せいぜい言えるのは、もしXみたいなものを考えるなら、Xが存在しないと考えることは考えの中で矛盾する、ということにすぎないではないか。

これは当然の疑惑だと思う。しかし『エチカ』が説明の体系であるということを忘れないでおこう。だれも、まったくの無ではなく何かがある、とにかく何かは存在しているということを否定しはしない。もし何もないなら話は終わりで、こんなにいろいろ考えることもはじめからないのである。だから、とにかく何かが存在している。これは証明以前の前提である。スピノザの「神の存在証明」は、その「何かが存在している」ということの説明であると考えればよいのではないか。

「球の概念」を思い出していただきたい。説明的理解は、

半円が回転→球

のように理由ないし原因からの必然的な帰結という形で与えられ、「→」の必然性が感じられていなければ「球」を理解したことにはならないのだった。いま求められているのは、

（　）→何かが存在

という形の説明である。神の存在証明は、

X→Xが存在

という仕方で、この説明を与えている。「X＝神というものを考えると、Xは必然的に存在する」というわけである。『エチカ』はこんなふうに、無ではなく何かが存在しているという現実に説明を与え、同時に、では何が存在するのかということも説明する。一挙両得で、実にシンプルな説明である。

要するに、現に何かがあるというのは証明以前のことだが、その何かを「神」と考えればすべては腑に落ちる。『エチカ』の神の存在証明はそういう提案をしているのだと思う。現実が間違いなくあるのなら、間違いなく存在するとしか考えられないようなものでそれを説明すればよい。これなら無神論者も同意するかもしれない。

唯一なる全体

現実は一つしかない。考えてみれば不思議なことだ。現実は唯一で、どこまで行ってもこれと別の現実なるものはない。「何かが存在する」ということとならんで『エチカ』が説明しようとしているのは、この唯一性である。定理とその証明を見てみよう。

神のほかにはいかなる実体も存在せずまた考えられえない。（定理14）

じっさい神以外に実体が存在するとすれば、それは神の無限にある属性のどれかと同じ属性でなければならない（神はすべての属性を持っているから）。ところが同じ属性の二つの実体は存在しえないのだった。ゆえに神のほかにはいかなる実体も存在せずまた考えられない……証明終わり。ここから系として、「神は唯一である」が出てくる。「唯一」というのは、一つ二つとカウントするときの「一つ」ではない。他を絶するという意味で「唯一」、である。現実がそうであるように。

これで、およそ何かがあると言うときの「ある」の全域が確定されたことになる。その内にないようなものはなにも無い。続く定理15はこのことを述べている。

すべて在るものは神の内に在る、そして神なしには何ものも在りえずまた考えられえない。(定理15)

すると、猫だの台風だの戦争だの、私を含めてこれらすべての現実は、実は神においてあり、神なしにはあることも考えることもできないもの、つまりは神の「様態」だ、ということにならないか。なる。次の系はそう言っている。

個物は神の属性の変状、あるいは神の属性が一定の仕方で表現される様態、にほかならない。（定理25の系）

様態とは定義によって「実体の変状」のことだった。だから、もしそうなら、猫だの台風だの戦争だの、私をも含めたこれらすべての現実は神が属性ごとに「どうにかなった（変状した）」ものだ、というちょっとショッキングなことになる。リンゴが実体で色つやがその様態だというふうに考えると、猫も台風もわれわれもいわば神の色つやみたいなものになってしまいそうだ。当時のふつうの考えでは、世界は神がつくったということになっていた。ところがスピノザでは、「つくる」という言葉が完全に消えている。神はつくらない。事物に様態化し、変状するのだ。

内在的原因としての神

こう考えればよいとスピノザは言う。ユークリッド幾何学を思い出してほしい。三角形を三角形にしている「本質」を定義すると、そこから必然的に「三つの角の和が二直角に等しい」という三角形に特有の性質、つまり「特性」が出てくる。学校で一度はやってみた証明だろう。内角和が二直角であるという特性は、もちろん三角形においてあり、三角形なしにはあることも考えることもできない。

神とその様態との関係も、同様に考えればよい。神を神にしている本質は無限に多くの属性で表現される。つまりおのおのの属性が「こいつは実体だ」と告げるのだから、属性が神的実体の実質的な定義に当たる。すると、三角形の場合と同様、それらの属性から無限に多くの特性が必然的に出てくるはずだ。それらの特性はみな、もちろん神において在り、神なしには在ることも考えることもできない。定義からしてそれは神の様態のことである。

だから、様態は神的実体によって「つくり出される」のではなくて、神的実体の本質の必然性から、ちょうど幾何学的な特性が帰結するように「出てくる」(sequi)。これは英語で言うとfollowに当たるラテン語で、論理的に「帰結する」の意味でもある。次の定理はこのことを言っている。

> 神の本性の必然性から無限に多くのものが無限に多くの仕方で、(言い換えればおよそ無限の知性に入ってきうるすべてのものが)出てこなければならない。(定理16)

これが神の様態化に当たる。神は幾何学者のように考えて世界を設計し、つくるのではない。いわば神自身が幾何学なのだ。神を制作者のように考えているあいだ、人は問うてきたものだ。つくろうと思わなければつくらないこともできたのに、神はどうしてこんな世界をつくったのか？　いったいそれは何のためか？　どうすればわれわれはその目的にかなうことができるのか？　ここから神学ははじめから解ける見込みのない思弁に迷い込む。スピノザの答えは、単純明快である。神は制作者ではない。その意味で「神の本性には知性も意志も属さない」（定理17の備考）。在りて在るものはその本性の必然性から一切を生じる。それで十分である。スピノザはこういう神の自己必然的な様態化を「自由」と呼んでいた。

自己の本性の必然性のみによって存在し、自己自身のみによって活動に決定されるものは「自由である」と言われる。（第1部定義7）

こうしてひとり神のみが「自由原因」であることになる。スピノザの神は制作しないので、外から働く「超越的原因」ではない。あらゆるものの本質と存在そして働きを自分自身の本性の必然性から帰結する「内在的原因」である（定理18）。いわゆる「汎神論」だ。これは後世のネーミングだが、現実はどこもかもが神でできているという感じをよく表している。スピノザ自身の言葉で引用しておこう。

ひとことで言えば、神が自己原因と言われるその意味において、神はまたすべてのものの原因であると言わなければならない。(定理25の備考)

事物は別なふうにはありえなかった

最後に、スピノザが様態化を具体的にどんなふうに考えているか見てみよう。

神を神であるようにしている本質は永遠で無限である。すると、それを表現する属性から出てくる様態も永遠で無限なものでなければならない。証明。いま仮に神の本質から出てくるのが有限な様態aだと仮定すると、これを限界付ける様態bがなければならない。すると様態bはどこから出てきたのか？　ということになり、不条理。ゆえに神の本質から出てくる様態は限界なきもの、永遠で無限な様態でなければならない(定理21の証明)。

無限様態ということで何を意味しているのか『エチカ』だけではよくわからないが、書簡などをあわせると、およそこういうことである。神の無数にある属性のうち、われわれ人間に知られているのは「延長」(物質的広がりであるという性質)と「思考」(何かの考えになっているという性質)の二つである(これには理由があるが、次の章に回そう)。延長属性で

延長属性で表現→　運動と静止　→　全宇宙のありさま
される本質　　　　　　　　　　（猫・台風・戦争…）

思考属性で表現→「運動と静止」の知→「全宇宙のありさま」の知
される本質　　　　　　　　　　　　（「猫」観念・「台風」観念・
　　　　　　　　　　　　　　　　　「戦争」観念…）
　　　　　　　　　　　　　　　　　　　　＝
　　　　　　　　　　　　　　　　　　無限知性

図５

はまず「運動と静止」という根本規則が出てくる。現代の物理学者たちが追究している究極の物理法則みたいなものだ。いつどこであろうとおよそ物質的なものすべてに及ぶという意味で、それはたしかに無限な様態である（直接無限様態）。そしてここから「全宇宙のありさま」が必然的に出てくる。要するに物理的な無限宇宙の全体である（間接無限様態）。さて、属性はおのおのが同じ神の本質を表現するのだった。だから思考属性でも同じプロセスでなければならない。われわれ人間の知っている思考属性、つまり考えになっているという性質は、すべて物質的な世界についての思考か、その思考についての思考のいずれかである。そこで、まず出てくるのは物理法則の理解（直接無限様態）、そしてそこから法則に従って変化しながら同一に留まる宇宙全体の理解（間接無限様態）が必然的に出てくると考えられる。

　スピノザが「無限な知性」と呼んでいるのは、無限様態化したこの思考属性のことである。言うまでもなく、それは「出てくる」の認識であって、制作知識ではない。で、猫だの台風だの戦争だの、これらいろいろの有限な様態はどうなっているかというと、当然いま言ったような無限様態の一部分だということになる。猫や台風や戦争は宇宙の一部分として出てきている。同じ必然性で「猫」観念、「台風」観念、「戦争」観念が神の無限知性のどこかに一部分として出てきている。猫と台風と戦争は出てきている限り、互いに無関係でなく、みな法則に従った物理的因果関係の網目の中で存在と作用へと決定されている。そしてその決定の必然性を無限知性は「原因→結果」の「→」であまねく感じている、というわけだ。様態化の全体をまとめておこう（図5）。

いずれにせよ、これはたんなる機械論的な決定論ではすまされない考えである。現実の中に出てくるあらゆるもののあり方は、神の本性の必然性からとぎれなく出てくる。言い換えると、現実のすべては必然的にこのようであり、別なふうではありえなかった、ということだ。

> 事物は現に産出されているのと異なったいかなる他の仕方、いかなる他の秩序でも神から産出されることができなかった。（定理33）

この必然主義の持っている倫理的な意味については、本書の最後の方で考えることにしよう。いまは、「ある」ことの全域のどこにも「自由意志」が現れないということに注目しておきたい。「神あるいは自然」の能力は、その本質の必然性に等しいのである。すなわち、

神の力能は神の本質そのものである。(定理34)

4 人間

「朝は四本、昼は二本、夕は三本の足で歩くものは何か?」スフィンクスの謎掛けにオイディプスは「それは人間だ」と答えて退散させたという。では「人間」とは何か?「神あるいは自然の属性が一定の仕方で表現される様態である」。これがスピノザのさしあたりの答えだった。人間は神がどうにかなったものの一つで、神の何かをそれなりに表現している。なんだか答えの方がスフィンクスの謎掛け以上に謎めいているようだが、スピノザは韜晦《とうかい》趣味でものを言っているのではない。神が事物なら人間だって事物である。あまねく存在するのは神だけなのだから、人間は神で説明されねばならない、というのである。どんな説明か、この章で見ていこう。ただその前に、ちょっとだけデカルトの話をしておきたい。「われ思う、ゆえにわれあり」で有名なデカルトである。

デカルトの残した問題

一六五〇年二月にこの偉大な哲学者がスウェーデンで客死したとき、スピノザは十七歳。二人のあいだに面識はなかったが、スピノザが一番勉強したのはデカルト哲学である。彼のデビュー作に当たる『デカルトの哲学原理』という著作を見ると、これは生半可な勉強でないことがわかる。前の章で見たような「実体」や「属性」という用語の厳密な使い方は、実はデカルト譲りのものだった。

デカルトは人間の精神を一個の「実体」と考えた。私の思考は体積がいくらあるとか何センチ動いたとか言うことができない（思考と延長の区別）。それゆえ、私の精神は物体的事物とは別の属性を持った別個の実体である。ここからデカルトは二つの難問を残すことになった。

一つめは「観念」の問題である。観念は、その表現が対象事物と一致するとき、真なる観念だと言えるのだった。ところがデカルトの言う「観念」はあくまで「私の精神」の思考様態なので、主観的な思いがどうして思考の外にあるものと一致できるのかという問題を残してしまう。もう一つの難問は、いわゆる「心身合一」である。人間は精神と身体が一つになってできている。ところが思考（何かの考えになっていること）と延長（物質的広がりになっていること）は共通点がないので、精神と身体が一つになっているという状態を考えようとしてもできない。現代でもこれらの問題はそれぞれ認識論、心脳問題という形で再現している。

これから見ていく『エチカ』第2部「精神の本性および起源について」は、図らずもこれら二つの問題への答えになっていると思われる。「図らずも」というのは、勝手に動き出したスピノザの証明機械が、いわばついでのように問題を解消してしまうからである。スピノザ自身はデカルトの実体定義を本気に取っていた。すなわち、実体とは「存在するために他のいかなるものをも必要としない、というふうに存在するもののことである」（『哲学原理』第1部第51節）。これを本気に取るなら、人間の身体はいうまでもなく精神すら実体でないことは明らかだ。厳密な意味でそういうふうに存在するのは（デカルトも認めるように）「神」だけで、それ以外のものはすべて神に依存するからである。すると、考えている私、精神は、神という実体の様態であって、何か神の中にある観念に似たものになるであろう。このショッキングで不可解な可能性にデカルトは目をつむった。スピノザはただ、その可能性を証明機械に委ねただけである。そこからどんなふうにデカルトの残した問題が解消されていくか、これがこの章全体のテーマである。

真理空間

スピノザの話についていくためには、何か精神のようなものがいて考えている、というイメージから脱却しなければならない。精神なんかなくても、ただ端的に、考えがある、観念がある、という雰囲気で臨まねばならない。ちょっと不安になるが、しかし問題は「真なる観念」そのものであって、だれの持っている観念かということはさしあたりどうでもよいのである。じっさい、だれが考えるかでころころ変わるような真理は真理とは言わない。真なる観念はだれが考えていようと――それが人間であろうと天使であろうと神であろうと――同じ真なる観念だろう。だから、観念を真にする「対象との一致」は精神の能力によってでなく、観念そのもののあり方によって説明しなければならない。

スピノザの説明はいたってシンプルである。同じものが、対象とその観念と両方の位置で表現されている、そう考えればよい。言い換えると、同じ事物が、真なる観念の中に対象化されてあるあり方と、事物自身の属性のもとで表現されるあり方、その両方のあり方をしている、と考える。たとえば現実に存在する柔らかい猫Aは、真なる「猫A」観念の中にも、猫Aを具現化する物質空間の猫の形をした局所にもいる、それは同じ猫Aであって、ただ異なる仕方で表現されているだけだ、というふうに（図6）。つまり、別々のものを精神がどう合致させるかという発想の逆を行って、事物はみなこんなふうに二つの属性のもとに二重に存在するのだから、一致するのは当然だ、と考えるのである。もし猫Aの真なる観念がどこかに存在するなら、こういうふうになっていなければならない。

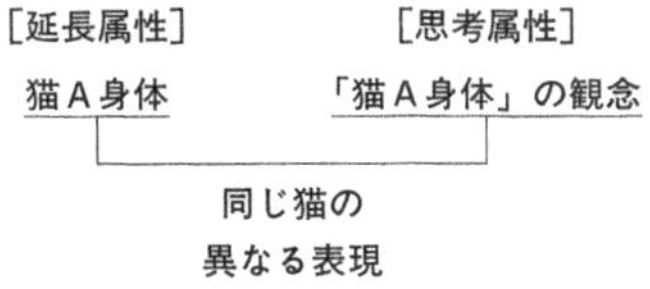

図6

『エチカ』第2部は、なぜこういうふうになっていると言えるか、その構造を説明する。思い出そう。神は無限に多くの属性を持っていて、そのそれぞれの属性で「われは永遠無限なる唯一実体なり」と告げているのだった。実体怪人二十面相（無限面相？）である。同じ実体がすべての属性のもとで表現されているのだから、「思考する実体と延長した実体とは同一の実体であって、それがときにはこの属性、またときにはかの属性のもとに理解されるだけ」である。すると、実体にいわば貼り付いている様態についても同じことが言える。「延長の様態とその様態の観念とは同一の事物であって、ただそれが二つの仕方で表現されている」、ただそれだけのことである。

このことは若干のヘブライ人たちもおぼろげながら気付いていたらしい。なぜなら彼らは神と神の知性と神によって認識された事物が同一であると主張しているのだから。たとえば自然の中に存在する円と、同様に神の中にあるこの存在する円の観念とは同一の事物であり、それが異なる属性によって説明されるのである。（第2部定理7の備考）

円の例は抽象的なので、われわれは台風で考えてみよう。はるか南の海で台風と呼ばれる一定の様態が発生する。台風は日本に接近して猛威を振るい、やがて通り抜けて消滅する。それは「台風18号」とか名付けられるように、一つの個体である。その間、台風をその台風として存在させ・作用させている無数の物理的な原因があるのは間違いない。われわれは到底その原因をすべてたどることはできないが、自然の方ではすべてたどりきって現に台風を存在させている。そして原因があるということは、なぜその台風が存在しているのかの説明がある、ということでもある。たとえわれわれには無理でも、自然の方ではなぜその台風がそんなふうに存在しているかの説明が尽くされていて、台風の存在が現に結論されている。この結論、これが現実に存在する台風についての「真なる観念」である。自然の中に台風の真なる観念が生み出され、猛威を振るう台風と「同じものの異なった表現」になっている。自然の中に思考があるというのは変な感じがするが、われわれだって自然の一部である。われわれに思考があるのに自然にはないと言う方が実は変なのである。

いまのことをスピノザの言葉で言い直すと、こうなる。

観念の対象となっている事物は、観念が思考の属性から出てくるのと同一の仕方・同一の必然性をもって、それ自身の属性から出てき、かつ結論される。（定理6の系）

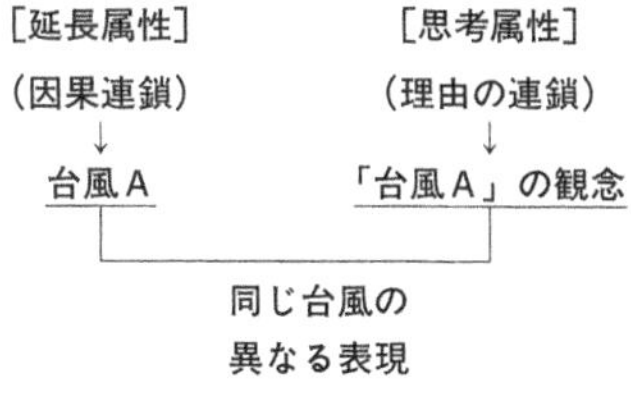

図7

これが求められていた構造である。図式化すると、図7のようになる。ここから、有名なスピノザの「並行論」が出てくる。

観念の秩序および連結は事物の秩序および連結と同一である。（定理7）

こうなっていれば、真なる観念が対象と一致しなければならないのは当然であろう。神が制作者でないということもはっきりする。台風を生じさせる神の力能（スピノザは何かをなしうる力をポテンチア（potentia）、「力能」という呼び方をする）と台風を知る神の力能とは厳密に同等で並行しており、一方が他方に先立つということはない。つまり「神あるいは自然」は、あらかじめ考えてから「よし、実行だ」というふうにはなっていないのである（定理6の系と定理7の系）。「並行論」と言うと二本の平行線みたいに聞こえてしまうが、神は絶対的に無限な存在だから、思考と延長以外にも互いに並行する無限な属性は無限に多くある。したがって正確にはこう言い直さなければならない。

われわれが自然を延長の属性のもとで考えようと、あるいは思考の属性のもとで考えようと、あるいは他の何らかの属性のもとで考えようと、われわれは同一の秩序を、

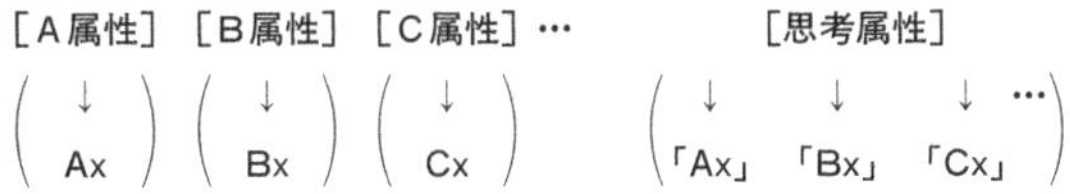

図8

すなわち諸原因の同一の連結を、言い換えれば同一の諸事物の相互継起を見出すであろう。(定理7の備考)

すると結局、同じ事物xが全属性にわたって同一の秩序と連結で、しかも属性ごとに異なる仕方で表現され、そのうちの一つの表現形式がたまたま思考であるということになる。思考属性は「何かについての思考になっている」ことだから、xのすべての表現について観念を生み出しているだろう。こんなふうだろうか(図8)(もちろん延長属性はこれら無限で永遠なるA属性、B属性、C属性……の一つである)。↓は同一の秩序と連結、Ax、Bx……は属性ごとの事物xの表現、「 」はその観念である。

しかし正確には、観念だって思考の世界の事物である。観念そのものについても「これはしかじかの観念である」という観念が生成していなければならない。たとえば観念「Ax」についての観念「『Ax』」というふうに(定理20の証明)。そこで「観念の観念」を付け加える(図9)。

これが求められていた構造であった。思考属性だけ突出して見えるが、それは思考属性が「何かについての考えになっている」という性質なので

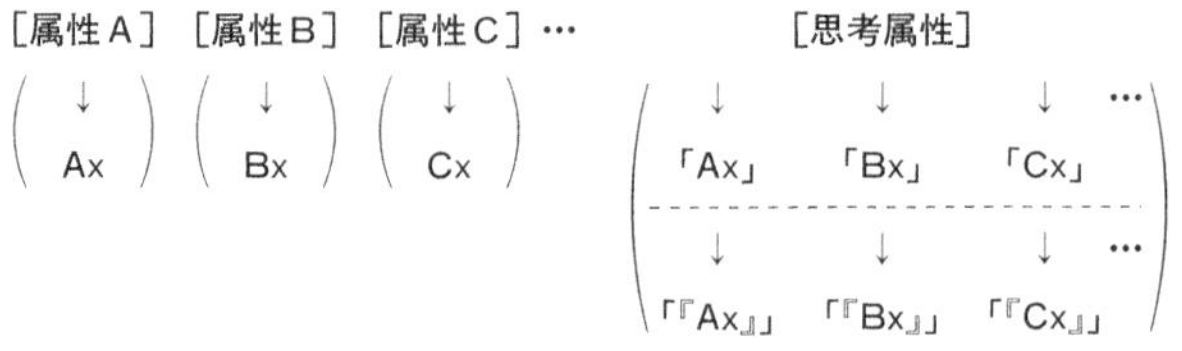

図 9

しかたがない。延長属性が「物質的広がりになっている」という性質であるのがしかたないのと同じである。

今一度、図式を眺めてみよう。思考属性の無限様態、すなわち「無限知性」はすべての事物についての真なる考えでできており、無限知性の中にその真なる観念がないような事物は一つとして無い。全体としてそういう構造になっているのがわかる。われわれはこの構造を、ほかにいい言葉がないので、前に言ったように「真理空間」とでも呼ぶことにしよう。すべての観念がその対象と一致するような、絶対かつ唯一の真理空間。その別名がスピノザの「神」なのである。世界は真理でできている。だれが考えていようと、もしそれが真なる観念なら、その真理は何らかの仕方でこの真理空間内にある。次の定理と証明はそのことを述べている。

定理32　すべての観念は神に関係付けられる限り真である。

証明　なぜなら、神の中にあるすべての観念は、その観念されたものとまったく一致する（この部の定理7の系により）。

したがって（第1部公理6により）すべて真である。

なんだか法外な話に聞こえるが、真なる観念はその対象と一致しなければならないと言うのだったらこういう説明が一番すっきりする、とスピノザは考えているのだろう。人間が真理を知りうるなら、この真理空間から説明しなければならない。

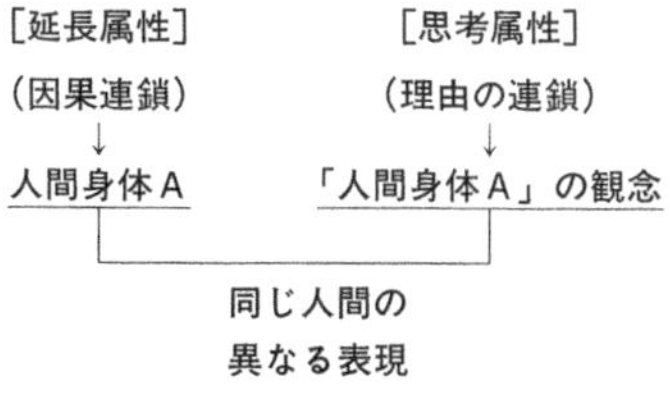

図10

精神は身体の観念である

人間は、というと、もちろん人間も猫や台風と同じである。図10のように。Aさんの身体があるなら、その真なる観念も無限知性の中にある。問題は、この「身体の観念」が人間の「精神」だとスピノザが言っていることである。

人間精神は人間身体の観念あるいは認識にほかならない。
（定理19の証明）

一個の観念が精神？　しかもそれが身体を対象とする観念だっ

て？　猛烈なブーイングをスピノザも予想したのであろう、お願いだからいまは我慢して最後まで話を聞いてほしいと懇願している（定理11の系の備考）。われわれも我慢しよう。

まずそれはどういう内容の観念か。「人間身体」の観念である。最低言えることは、人間の身体は猫や台風の身体と同じく延長の有限な様態であり、他の様態から区別できる「個物」ないし「個体」である、ということだ。そこで定義を与える。

個物とは、有限で定まった存在を有する事物のことと解する。もし多数の個体がすべて同時に一結果の原因であるようなふうに一つの活動において協同するならば、私はその限りにおいてそのすべてを一つの個物とみなす。（定義7）

大気中のさまざまな粒子が局所において協同し、すべてが同時に一つの結果の原因のようにふるまい始めるとき、そこに台風がある。同じように、さまざまな個体が一定の協同関係に入るとき、そこに私の身体がある。一般に、下位レベルでの物質諸部分が協同してある種の自律的なパターンを局所に実現しているとき、その上に（現代風に言うなら）上位の個物ないし個体特性がスーパービーン（併発）している。電光掲示板の発光諸部分が一定の協同パターンを呈するとそこにメッセージがスーパービーンするように。同じことはそれら下位レベルの構成諸部分のそれぞれにも言えるので、やはりそれら部分になっている個物もみな、さらに下位のレベルの諸部分の協同パターンの上にスーパービーンしている。そしてさらに……と続き、最後はもはや静止と運動ないし運動の速度でしか互いに区別できない「最単純物体」のゼロ・レベルが広がっている（補助定理3のあとの公理2）。こうしてスピノザは、物質延長の全面が無数の階層を持った無限に多くのいわば個体特性で覆われていると考える（補助定理7の備考）。銀河も地球も猫も台風も人間も、すべて個体である限り、そうした局所的にスーパービーンしている個体特性にほかならない。無限知性の中にある「人間身体の観念」も、しかじかの人間のこのような個体特性を内容としていると考えられる。

で、その観念がその人間の「精神」だ、とはどういうことか。ここでも実体なしで、端的に、思考がある、という雰囲気で臨まねばならない。モデルとして球の完全概念を思い出そう。

「半円が回転→球」

半円が中心の周りを回転して球が生じる。これは球の真なる観念である。真なる観念は事物の「近接原因」の認識を含んでいる。だから「半円が回転」という思考がなければ当然この観念は理解不能だし、逆に、この世のどこかに「半円が回転」という思考があれば、その思考は必然的に「半円が回転→球」という理解にすすむ。したがって、だれが考えていようと、球がどのようにしてできるかという近接原因の思考が球の観念を理解し・結論している。

「半円が回転」→「半円が回転→球」

とすれば、一般に思考の世界では、事物の真なる観念Qを理解し・結論しているのは、その事物の近接原因の思考Pである、ということになる。

P→Q　（思考Pが観念Qを理解し・結論している）

ところで、すべての思考は例外なく神が思考属性で様態化したものだった。それゆえ、スピノザ的に言うと、観念Pになっている（変状している）神が観念Qを理解し・その観念Qの対象をそれとして知覚している、ということになる！　ならば「身体の観念」が精神のように何かを理解したり知覚したりしても不思議ではない。

なんだか頭がおかしくなりそうだが、スピノザは「考える実体」を消去しているのである。神の巨大な精神が考えているのでもなければ、人間サイズに小型化された精神が考えているのでもない。思考の無限連鎖が自ら継起しながら思考しているのである。

最初から考えてみよう。まず無限に多くの事物の「秩序と連結」がある。身体が下位の諸部分の協同パターンにスーパービーンするように、事物は他の事物を近接原因としてこの世に出てき、同時にさらに別な事物の近接原因になっている（図11）。それと同じ秩序と連結で事物の観念が生成されているのだった（図12）。

⋮
原因→結果
　　　＝
　　原因→結果
　　　　　＝
　　　　原因→結果
　　　　　　　⋮

図11

⋮
P「原因→結果」
　　　＝
　　Q「原因→結果」
　　　　　＝
　　　　R「原因→結果」
　　　　　　　⋮

図12

見て取れるように、それぞれの観念は「半円が回転→球」のように対象事物の近接原因の認識を含む。「結果の認識は原因の認識に依存しかつこれを含む」という公理（第1部公理4）どおりである。そしてそれぞれの観念は、まさにその近接原因の思考になっている神によって理解され・結論される――

観念Rは観念Qによって、観念Qは観念Pによって、というふうに。簡略のためこの観念連結を一直線に並べると、

……P→Q→R……

ただ観念の観念の系列が並行するから、正確には、こうだろうか。

……P→Q→R……
……P′→Q′→R′……

スピノザが「無限知性」と呼んでいるのは、こういうものである。連鎖をスキップした思考は存在しない。無限知性は無限に多くの観念の連鎖からできており、そのどの部分をとっても前提→結論のようなつながり方をしている（定理9）。だから神はどの連結部でも、帰結観念を前提観念の位置で理解し、その観念対象を知覚している。PではQを、QではRを……。かつ、どの場合にも同時に、それがしかじかの理解だということ自体を「観念の観念」の系列上で知覚している（観念の観念とは、知っていると知っているということ

だから）（定理11の系）。実際には連鎖はこんな直線でなくて、事物の秩序と連結と同じように枝分かれしたり合流したり、相当複雑なことになっているだろう。その全体が一挙に、無限知性として出てきている、とスピノザは考える。スピノザの神はこんなふうに観念連鎖の細部に遍在し、いたるところで知覚を生じている。そこには全体を高みから俯瞰する「神の視点」みたいなものはない。あるのは、いわば無限平面をびっしりと這《は》い回る連鎖状の知性だけなのだ（第1部定理31）。

すると、われわれが何かを知覚しているということは、無限知性の細部で生じているそうした局所的な知覚の一部であろうと見当が付く。冷静に先の構造を考えれば、そうなる。われわれは自分でも知らないうちに神の中に生成している身体の観念であり、そいつが自らその直接の前提になっているような何らかの帰結を知覚している。そう考えればよい。何を知覚しているかというと、それは「身体の変状」であろう、とスピノザは言う。

たとえば自動車に何かが当たってへこみ傷が付く。そういうのをスピノザはアフェクチオ（affectio）、「変状」という言葉で呼ぶ。車体がもしゴムみたいに軟らかかったら、あるいは当たった物体がもっと軽いものだったら、傷の付き方は違っているだろう。だから、なぜこんな傷の付き方になっているかを思考が理解するには、衝突物体と自動車との両本性が前提になる。スピノザふうに言い換えると、へこみ傷の付き方の認識は自動車とその

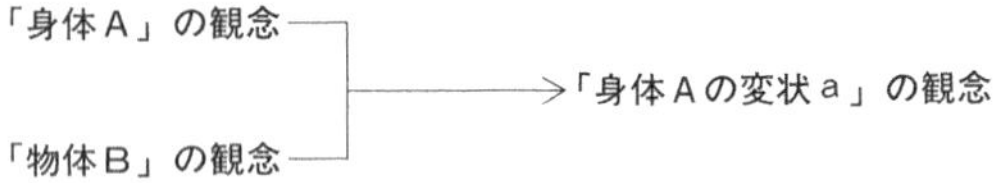

図13

衝突物体の両方についての認識に依存しかつこれを含む。われわれも同じで、われわれの身体Ａがほかの物体Ｂ（あるいは身体Ｂ――ラテン語では物体も身体も「コルプス」(corpus) で区別がない）から刺激されて変状ａを自らのうちに生じる。そしてこのａの認識は身体Ａと物体Ｂの両方の認識に依存しかつこれを含む。無限知性の中ではきっと図13のようになっているだろう。

「身体Ａの観念」になっている神の思考は「物体Ｂの観念」になっている神の思考と一緒になって「身体Ａの変状ａの観念」を理解しているわけである。とすれば、身体Ａの観念に局限しても、その位置で、変状ａについて非十全ながら何らかの知覚が生じているだろう（定理11の系、定理13の証明）。言い換えると、身体Ａの観念が自分の身体に生じている状態ａを知覚していることになるだろう。それがわれわれの精神である。神の無限知性の中に生成している「身体の観念」、それがわれわれが魂だとか精神だとか言っているものの正体である。

この帰結として、人間は精神と身体とから成りそして人間身体はわれわれ

われがそれを感じるとおりに存在する、ということになる。（定理13の系）

この段階で、デカルトの心身合一という問題が早くも解決されてしまっているのがわかる。身体と精神のあいだの不可解な結合を想定しなくても、ちゃんと心身合一が説明できてしまう。ちょっと気になるのは、「物体B」の観念になっている思考も「身体Aの変状a」を漠然とでも知覚しちゃうのではないか、ということだ。スピノザはそれも認めるだろう。ただ物体Bの精神はそれを自分の身体に起こっていることとしては知覚しないだけである。もちろん物体Bにはそいつなりの身体知覚があってよい。「物体Bの精神」だって？　そう、とスピノザは言う、いまの証明は一般的だから、人間以外のどの個体についてもあてはまる。だから「すべての個体は程度の差こそあれ魂を宿している（animata）」（定理13の備考）。猫も台風も人間も（そして自動車も？）。いわゆるスピノザの万有霊魂論である。

精神はメンタルな能力なしで考える

これで、われわれが常時自分のリアルな身体感覚を持っているという事実が説明された。次はわれわれに猫が見えたり台風の進路を予測できたりするのはどうしてか、という問題、認識の問題である。このあたりの『エチカ』の証明（第2部定理16から47）はひどく難解に見えるが、いまの図式を頭に入れておけば大丈夫。およそ、こうである。

先に見たように、結果の認識は原因の認識に依存しかつこれを含むのだった。たとえば球の観念には球を理解するための半円の回転という手がかりが含まれている。そうでなかったら球の作図をわれわれは永遠に思い付かなかっただろう。同じように、身体変状の観念にも、その原因、すなわち身体と刺激する物体の両本性の手がかりが含まれて暗示されている。よって「人間精神は自分自身の身体の本性とともにきわめて多くの物体の本性を知覚するということになる」（定理16の系1）。身体刺激を通じてわれわれが物体的事物をリアルに知覚するという事実がこれで説明された。

これに観念の観念による二重化が生じ、「知覚している」ということ自体が知覚される（定理22）。よって「精神は身体の変状の観念を知覚する限りにおいてのみ自分自身を認識する」（定理23）。悩ましくも身体に取り憑《つ》かれた自己意識があるという事実がこれで説明された。

しかし、なぜ精神は身体変状の観念に暗に含まれた手がかりばかりに頼っているのだろう。それは、先の「観念の秩序と連結」を考えればすぐわかる。結果としての事物の観念を理解しているのはその近接原因の観念になっている神の思考だった。

P→Q　（思考Pが観念Qを理解し・結論している）

だから「身体の観念＝精神」を理解しているのは身体の近接原因の観念、すなわち身体をスーパービーンさせる下位レベルの諸個体すべての観念（およびその観念の観念）になっている神の思考である（定理19の証明）。つまり精神自身は自分の身体も自分自身も理解しない、ということだ（これはあとで効いてくる）。また精神は身体を刺激する物体についても理解しない。それを理解しているのは、その物体をスーパービーンさせる下位レベルの諸個体すべての観念になっている思考である（定理24、25の証明）。要するに、精神は身体変状を説明する客観的な原因は何も理解せずに、ひたすらその暗示だけを結果の中に見ているわけである。

ゆえにこの変状の観念は、単に人間精神に関係付けられる限りでは、いわば前提のない結論のようなものである。言い換えれば、それは（自明なように）混乱した観念である。（定理28の証明）

第二章で述べた「蝕」を思い出していただきたい。無限知性の全体は真なる観念の連鎖でできているが、局所を取って「身体の観念」だけで見ると、そこで情報不足（身体変状について）や情報切れ（身体や外的物体など事物について）が生じている。われわれの位置にいる神の思考は、前提が欠落して残った結論だけを見ている。「???だからこうなんだ」みたいに伏せ字だらけのテキストを見ているようなものだ。これは神の中にどうやってローカルな主観性が出てくるかの説明になっている。たしかに、われわれはそこの猫が本当はどういうものなのか知らないし、おのれが何ものなのかも知らない。なのに猫が見え、見ている自分自身をありありと感じられるようになっている。スピノザはわれわれのこういう主観的な認識モードをイマギナチオ（imaginatio）、「表象」と呼んでいる。われわれはまるで「目をあけて夢を見ている」ようなものだ。

しかし、こんな状態でどうやって客観的な認識を持てるのだろうか。スピノザの説明はこうである。主観性は局所性ゆえの情報不足や情報切れに由来する。だったら、局所性の影響を受けない何かを考えればよい。たとえば物質空間の一部を占めているとか、何らかの運動状態にあるとかいった、すべての事物に共通な特性があるとする。共通なのだから、それを抜きにしては神はいかなる事物の観念も生み出さないし、したがってまたいかなる身体変状の観念も結論しない。無限知性の中のすべての観念は、いわばこうした共通なものの単一色を帯びて生成しているだろう。ならば人間精神も、この単一色の知覚なしには何も知覚できないはずである。それゆえ、「すべての事物に共通であり、そして等しく部分の中にも全体の中にもあるものは、十全にしか考えられることができない」(定理38)。

この帰結として、すべての人間に共通のいくつかの観念あるいは概念が存することになる。なぜなら(補助定理2により)すべての物体はいくつかの点において一致し、そしてこれらの点は(前定理により)すべての人から十全にあるいは明晰判明に知覚されねばならぬからである。(定理38の系)

だれも証明できず疑うこともできない公理に類する概念は、きっとこういうものなのである。

また、そこまで一般的でなくても、われわれの身体と、日頃それを刺激するのを常とする特定の物体とに共通なものも、やはり十全に知覚されるとスピノザは言う(定理39)。身体変状の観念を分析してそういう共通点を含んでいるところだけを取り出すと、そこだけは単独の身体の観念で十全に結論される。共通なものをcで表すと、図14のようになる。

「身体A（c）」
「物体B（c）」
→「身体A（c）かつ物体B（c）→身体変状（c）」

図14

cに関しては情報不足や情報切れがない。つまり身体Aの観念＝精神になっている神の思考は単独でcを十全に理解できるようになっている。スピノザがcで具体的に何のことを言っているのかはっきりしないのだが、こう考えてはどうだろう。共通なものが何もないなら、刺激したりされたりすることもありえない。刺激し／刺激されるということはある種の共同作業と見ることができる。たとえばわれわれは椅子に座る。椅子はわれわれを座らせる。座るというわれわれの身体変状は座らせることのできる椅子の本性なしには理解できない。われわれの身体と椅子は「座り」とでも言うべき中間相を共通なcとして共有している。われわれはどんな形のどんな材質のものなら座れるか、よくわかっている。椅子の方でも、どんな身体なら座らせるにたえうるか、軋《きし》んだり撓《たわ》んだりしながらいわば体で知っている。考えてみると、われわれは日々、多くの事物とそういう特定の共通なものを共有していて、いろいろなことができるようになっている。階段は上がらせてくれるので上がれるし、猫は撫《な》でさせてくれるので撫でることができる。「上がり」や「撫で」といった、事物たちと共有する数々の局面で、われわれは日々接する事物を理解する。事物の特性は抽象的なイメージではない、身体と何かを共有する限りで、リアルなものだ。こんなふうに自明で安定した構造が知覚されなければ、実験も観察もあったものではないだろう。われわれの客観的な認識のベースにはそうした自明な「共通のもの」がある。

というわけで、われわれはうつろいやすい経験の中にいても、客観的で一般的な概念を持つことができている。スピノザはそれを「共通概念」と呼んで、主観的な認識モードから区別する。われわれの思考はこのモードに関する限り「蝕」を免れ、真理空間にいわばじかに触れている。真からは真しか出てこないから、われわれは共通概念をベースに「理性」(ratio)を発展させることができる(定理40の備考2)。いわゆる自然科学だけではない。すべての事物の観念には、共通の原因たる「神あるいは自然」の認識が基礎定数のように含まれている。だから、いったい何が実在しているのかを問う形而上学にもチャンスがある(定理46、47)。

これで、神の中に人間が生じるという『エチカ』第2部の話はほぼ終わったことになる。人間は実体ではない。今日ならその程度のことはだれでも言いそうだが、もし実体でないなら何ものかの様態であると言い切らねばならない。スピノザはその線で行くところまで行った。われわれはいまだに、人間には知性や意志、感覚といったメンタルな能力がそなわっていて思考しているのだと言っているわけだが、スピノザにとって、そんな独立した能力は存在しない。無限知性の中で身体の観念になっている神の思考がその局所で知覚を生じていて、それに十全なものもあれば非十全なものもあるというだけである。精神はメンタルな能力なしで考える。われわれの内で知覚しているのは神である。だから、われわれの持つ明晰判明な観念が真である保証を、デカルトのようにその観念の外に求める必要はない（定理43）。そして、これが『知性改善論』の求めていた説明であった。この世に真理があるとすれば、世界はこうなっていなければならない。

5

倫理

自由意志の否定

スピノザの企ては、こんなふうにして世界の説明にまで進んだ。すべては神の本性の必然性から出てきて真理空間の実質を成している。われわれは文字どおりその一部である。スピノザの至ったこの結論は、倫理学的に言って重大な帰結を伴っていた。神にも人間にも「自由な意志」は存在しないということ、これである。

ふつうわれわれは強制がない限り自分で自由に決めていると思っている。昼食をカレーにするかうどんにするかは私が決める。帰りに歩くかバスに乗るかを決めるのも私の自由だ。まして全能の神ならば、すべては意志一つで決まる……と思っている。スピノザが終止符を打つのは、こういう「自由意志」という考えである。

スピノザは独立して働くメンタルな能力を認めない。個々の観念に含まれている肯定と否定の作用が即、意志の作用であって、「すべての意志作用は観念そのものにほかならない」(第2部定理49とその証明)。意志の主体などなくても観念は観念だけでやっていける——物体が物体だけでやっていけるように。だから神にも人間にも自由な意志は存在しない(第1部定理32の系1と第2部定理48)。そう言われてみると、たしかに、われわれは結局思えているようにしか判断も決意もしてはいない。「自由な意志」を想定する必要は、よく考えると何もないのである。

自由であると信じられている精神の決意は、表象そのものあるいは想起そのものと区別されないのであって、それは観念が観念である限りにおいて必然的に含む肯定にほかならない。[……]だから精神の自由な決意で話をしたり黙ったり、その他いろいろなことを為すと信じる者は、目をあけながら夢を見ているのである。(第3部定理2の備考)

しかしそうは言っても、やはり私は今、私の自由な決意でこの文を書いているとしか思えない。スピノザだってそうじゃないか。スピノザは答えるだろう(第2部定理35の備考)。もちろん私もそうである。自由意志が存在しないと証明によって理解しても、この夢の外に出られるわけではない。それは、太陽が見かけよりもはるかに遠い距離にあることを天文学によって理解しても、それで太陽がいきなり遠いところに見え始めるわけではないのと同じである。真なるものは偽なるものを消失させはしない。ただ、光がそれ自身と闇とをあらわすように、それが偽であることをあらわすだけなのだよ。

スピノザの面白いのは、この説、つまり自由意志の否定が「実生活のためにいかに有用

であるか」を強調していることである（『エチカ』第2部の末尾）。要約すると、

（1）この説は、安らぎと最高の幸福を教え、正しい生き方がおのずとできるようになる効果をもたらす。（自分をゆるしてやること）

（2）この説は、運命に振り回されない力を与えてくれる。（神と世界をゆるしてやること）

（3）この説は、人々との社会生活に寄与する。（人間をゆるしてやること）

（4）この説は、共同社会のために寄与する。（社会をゆるしてやること）

自由意志の否定は生き方にかかわる。倫理、エチカ。これが『エチカ』の後半に始まるテーマであり、本章のテーマでもある。括弧の中に書いたように、それはある種の「ゆるし」として理解できる。一つ一つ見ていくことにしよう。範囲としては『エチカ』第3部「感情の起源および本性について」、第4部「人間の隷属あるいは感情の力について」、そして第5部「知性の力能あるいは人間的自由について」の最初の方（定理10まで）に相当する。

自分をゆるしてやること

自分を素直に愛するのは意外と難しい。「自分が大事」というのはどうも利己的に思われ、エゴイストみたいで気が引けるものだ。しかしだれだって本当のところは自分がかわいいし、自分を肯定できるときほど幸福な瞬間はない。スピノザは、そこをごまかすところから道徳の嘘が始まると考える。次は定理である。

なんぴとも自分以外のもののために自己の有を維持しようと努めはしない。（第4部定理25）

もう一度考えてみよう。猫も台風も人間も、事物はすべて、神の属性がある一定の仕方で表現される様態だった。そういうものに、自己を否定するいわれはあるだろうか。ない。どの事物も、存在するかぎりは真理空間の中に結論されて出てきた肯定である。あたりまえだが、猫Aをかくあらしめている肯定は猫Aの否定を含まない。一般に、事物はみなそれぞれに、それ自身の肯定であり、それをキャンセルしようとする一切に抵抗する。スピノザはこの抵抗力を「コナトゥス」（conatus 努力）と呼んでいる。

おのおのの事物は自己の及ぶかぎり自己の有に固執するように努める。（第3部定理6）そのものがそのものであること（自己の有）を肯定するのに役立つすべての事柄をそのものにさせているのがコナトゥスである。その意味で、コナトゥスはその事物の「現実的な本質」にほかならない（第3部定理7）。人間もまた、理性的であろうとなかろうと、ある無限定な持続のあいだ自己の有に固執しようと努め、かつこの努力を意識している（第3部定理9）。

この努力が精神だけに関係付けられると「意志」と呼ばれ、それが同時に精神と身体とに関係付けられると「衝動」と呼ばれる。したがって衝動とは人間の本質そのものであり、その本性から自己の維持に役立つすべてのことが必然的に出てくる。つまり人間はそれらのことを為すように決定されているわけである。（第3部定理9の備考）

自己肯定の衝動はわれわれの「現実的な本質」そのものである。それがいけないと言ってどうなる、というわけだ。この衝動をごまかしたら、われわれは決して徳にも幸福にも行き着かないとスピノザは言う（第4部定理18の備考）。

問題はそれをどうやって実現するかである。自己肯定はパフォーマンスを通じて実現される。たとえば、自動車のベストの走りはその性能設計だけで理解できる。性能が発揮できないときは、ほかに燃料が粗悪である、運転者が未熟である、交換部品が正しいものでない、悪路あるいは悪天候であるといった外的な原因を考えなければ理解できない。人間のパフォーマンスも同様である。

われわれ自らがその十全な原因となっているようなあることがわれわれの内外に起こるとき、言い換えれば(前定義により)われわれの本性のみによって明晰判明に理解されうるようなあることがわれわれの本性からわれわれの内外において出てくるとき、私はわれわれが「能動する」と言う。これに反して、われわれが単にその部分的原因であるにすぎないようなあることがわれわれの内外において起こりあるいはわれわれの本性から出てくるとき、私はわれわれが「受動する」と言う。(第3部定義2)

画期的な説明である。デカルトは、精神が身体を自由意志で操縦しているとき人間は能動していると考えた。逆に精神が身体の自動運動に依存しているときは受動。実感にはぴったりくるが、非物体的な精神と物体的な身体がどうやって作用しあうのか、メカニズムとしてはまったくわからない（第5部序言）。

スピノザは並行論なので、精神の決意と身体の決定とは同じパフォーマンスの異なる表現にすぎないと考える。精神が能動的なら身体も能動的、精神が受動的なら身体も受動的（第3部定理2の備考、図15）。能動の鍵は、自動車の走りと同様、パフォーマンスがどれだけわれわれの現実的本性だけで説明できるかにある。「共通概念」を思い出そう。共通なものの概念についてはわれわれの身体の観念（精神）になっている神の思考が単独で帰結できる。それゆえ十全に知覚されるのだった。とすれば、そういう認識、つまり「理性」は、今の定義からしてわれわれの能動である。すると、われわれのやっていることは、理性的にものごとを考えてやっている部分に限れば心身両面で同時に能動的で、そうでないあとの何パーセントかはやはり心身両面で同時に受動的だ、ということになる。こうしてスピノザは、身体を蔑視するやみくもな精神主義におさらばした。

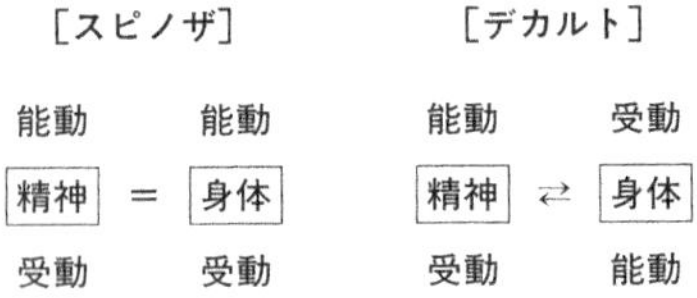

図15

さて、こんなふうに能動と受動は割合の問題なので、その比率に従って自己肯定の度合いのスケールを考えることができる（図16）。スケールの上方向に行けば行くほど「活動力」（ポテンチア・アクチオニス

(potentia actionis) というラテン語で、能動力という意味でもある）は増大し、下方向に行けば行くほど減少する。両極には完全な「自由」とまったき「隷属」がある。たしかにわれわれは全面的に決定された自然の一部分にすぎない。けれども自分の本性の必然性だけで理解されるようなパフォーマンスに関しては、自分がやっているんだと感じ、その自分に自信を持つ。それが正しい意味での「自由」なのだよ、とスピノザは説明しているのである。

スケールは同時に、われわれの感情の落ち込みと高揚を説明してくれる。感情は活動力のバロメーターである。上方向にちょっとでも動き、「できる」が増大しつつあるときわれわれは「喜び」を感じ、逆に下方向にちょっとでも動いて無力になりつつあるとき、われわれは「悲しみ」を感じていると考えればよい（第3部定理11の備考）。われわれは喜ばしいものを「よい」と思い、悲しく落ち込ませるものを「悪い」と思う（第3部定理9の備考）。よいとか悪いという認識は、こういうことだったのである（第4部定理8）。

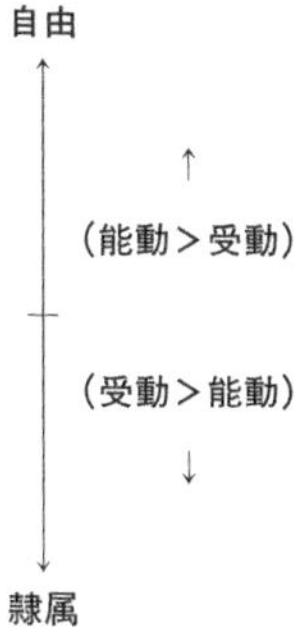

図16

とすれば、悲しみより喜びの方がよい。自己否定より自信に満ちた自己肯定の方が断然よい。そして喜びや満足がスケールのなるべく上の方にいて感じられるなら、つまり理性的な認識から生じていて、目先の快楽やうぬぼれでなければ、もっとよい（第4部定理52）。さらに

（次の章で見るように）われわれが「神あるいは自然」の認識にまで至り、自分のコナトゥスを神の無限の自己肯定の一部として身一つに感じられるようになったら、それは最高の「魂の平安」、安心の極致であろう。それが求めるべき最高の幸福、至福、自由である、とスピノザは言う（第5部定理36の系の備考）。「よいもの」を求める欲望は、こんなふうに求めるべきものの認識がしっかりすればするほど強度を増し、コンスタントになる。「目的とは衝動のことである」というのを思い出そう。目的がはっきりすれば禁欲するまでもない。逆に、——「企て」が予感していたように——「最高の欲望」が他のすべての欲望を統御する基準になるのだ（第4部付録第4項）。それゆえ、道徳的な迷信が何と言おうと、私は私自身に全面的な自己肯定をゆるしてやるべきである。

なんぴとも、在り、行動し、かつ生きること、言い換えれば現実に存在することを欲することなしには、幸福に在り、よく行動し、かつよく生きることができない。（第4部定理21）

原則はこれではっきりした。

私の原則は次のごとくであって私はこの信念を固くとる者である。すなわちいかなる神霊も、またねたみ屋以外のいかなる人間も、私の無力や苦悩を喜びはしないし、また涙、すすり泣き、恐れ、その他心の無力のしるしであるこの種の事柄をわれわれの徳に数えはしない。むしろ反対に、われわれはより大いなる喜びに刺激されるに従ってそれだけ大いなる完全性に移行する。言い換えれば必然的に、われわれはそれだけ多く神の本性を分有するのである。（第4部定理45系2の備考）

これがスピノザの「徳」の考えであった。「お前の罪はゆるされた」という福音を聞く思いがする。自身をちゃんと肯定できないような者がどうして何かを正しく肯定できようか。たぶんスピノザはそう言いたいのだろうと思う。

神と世界をゆるしてやること

デカルトの『情念論』という著作に、こんな話が出てくる（第2部第146項）。用事があってある場所に行かなければならない。行ける道は二つあるとする。このところ強盗が出没するが、道Aは通常、道Bより安全である。さてどうするか。ひょっとすると、神の摂理による決定で、より安全なはずの道Aの方に今夕に限って強盗が出てくるようになっているかもしれないが、それはわからない。しかし、いずれにせよ選ばないわけにはいかない。どちらを選ぶかといえば、通常より安全なAを選ぶのが道理であろう。で、Aを選んで道を行くと、強盗が出てくる。

このとき、なんて自分は不運なのだ、やっぱりBにしとけばよかったのにと嘆くことはない、とデカルトは言う。自分はあの時点で最善の判断をしたのであって、その判断と強盗の出現とのあいだには迷信が語りたがるような何の因果関係もない。私の選択と強盗の出現とのマッチングは私の左右できる事柄ではなく、あずかり知らぬ神の摂理に属する。私がどう願い、どう選択しようが、起こることは起こるのである。したがって、こうあってほしいと願う欲望は自分が左右できる事柄の範囲に限定すべきであり……云々。いかにもデカルトらしい、潔いモラルである。

スピノザもほぼ同様の結論と言ってよい。ただ、スピノザはもっとすばやく、最短距離でその結論に達する。デカルト自身は神の思し召しに踏み込むような真似はしなかったが、「摂理」はやはり、ライプニッツのような哲学者に「決定にはそれなりに理由があるはずだ」という思弁をゆるしてしまう恐れがある。ライプニッツなら、強盗に遭遇するような選択を私がするように世界の全体は計画されていて、結局それは巨視的には一番よい世界計画なのだ、と言うだろう。こういう話には、それ自体としてよくも悪くもない事柄を「よいことだ」と言いくるめて神の意志を弁護しようという企みが臭う。

しかしスピノザの「神あるいは自然」にはそういう思し召しも意志も何もないのだった。すべては「三角形の本質からその三つの角の和が二直角に等しいことが出てくるのと同じ必然性をもって」出てくる（第2部末尾）。神、自然は、強盗のためにも私のためにも働いているのではない。世界が存在するのはだれのためでもないのである（第1部付録）。もちろん遭遇は私にとっては端的に悪い。そして強盗にとっては端的に都合がよい。先の「よい・悪い」の定義から言えるのはそれだけで、遭遇という出来事そのものにはよさも悪さもない。だからわれわれは神にうるさくつきまとうのをやめ、神と世界をゆるしてやらねばならない。

人間のできることはきわめて制限されていて、外部の原因の力によって無限に凌駕《りょうが》される。したがってわれわれは、われわれの外にある事物をわれわれの使用に適合させる絶対的な力を持っていない。だがたとえわれわれの利益への考慮の要求するものと反するような出来事に遭遇しても、われわれは自分の義務を果たしたこと、われわれの有する力はそれを避けうるところまで至りえなかったこと、われわれは単に全自然の一部分であってその秩序に従わなければならぬこと、そうしたことを意識する限

り、平気でそれに耐えるであろう。（第4部付録第32項）

これはやせ我慢やあきらめだろうか。そうではない。「必然」というものへの一種の愛、そしてそこからくる絶対的な安心である。実際、われわれは何かを真理として理解しようとするとき、必然的にこうであって別なふうではありえないという事柄以外に何を欲しているというのだろうか（同上）。たとえば強盗との遭遇が偶然に見えるのは、われわれがそれを生み出す原因の秩序を知らず、必ず出てくるとか出てこないとか言えない限りにおいてであるとスピノザは考える（第1部定理33の備考1）。われわれの不安な期待と恐れはそこから生じる（第3部定理18の備考2）。だが事が起こってしまったなら、ちゃんとした原因の秩序から必然的に出てきたと考えるのが道理である。起こらないこともありえただろうと想定するのは勝手だが、起こったことの理解がそれでどうなるわけではない。強盗に遭遇しなかったラッキーな想像上の私は、現実に強盗に遭遇している私の身に何の関係もないからである。起こることは私がどう想像しようと必然的に起こる。そう腹をくくるとき、期待と恐れに振り回されることは止《や》む。

われわれは理性の導きに従って生きることにより多く努めるにつれて、期待にあまり依存しないように、また恐れから解放されるように、またできるだけ偶然の運の言いなりにならず、われわれの行動を理性の確実な指示に従って律するようにそれだけ多く努める。（第4部定理47の備考）

共通概念をもとにした理性は一般的な認識にとどまるので、理性の指示だってはずれがある。それも織り込んで、生じることはみな必然的に生じる。そう考えている限り、われわれの欲求は全自然の秩序と一致し、われわれは真理空間の中にいて揺るぐことがない（第4部付録第32項）。これはあきらめなんかではない。スピノザが「強さ」（fortitudo）と呼んでいるものの一つである。危機に遭遇したとき、よけいな期待や恐れを持たない自由な人は等しい勇気を持って戦いもし、逃走もするであろうとスピノザは言っている（第4部定理69の系）。反対にもし危機との遭遇をそれと知らず免れていたことが判明したなら、それは思いもしなかった恩寵《おんちょう》として感謝するがよい。神とわれわれとのあいだには何の貸し借りもないけれど、だからといってそのことが喜ばしいことであることに変わりはないのだから。自分の努力を超えた思いがけない順境を、『神学政治論』（第3章）のスピノザは「神の外的援助」と名付けていた。

人間をゆるしてやること

躓《つまず》いた石に向かって、どうしてこんなところにいて邪魔をする、などと言う人はいないだろう。だが、ひょっとしてだれかがわざと置いたのではないかという思いが浮かんだ瞬間、われわれはそいつをゆるせなくなる。理由は簡単だ。われわれは石ころには自由意志を認めないが、人間には自由意志があると思っているからである。

人間は自分たちを自由であると思うがゆえに、他の事物に対してよりも相互に対してより大きな愛あるいは憎しみを抱き合う。(第3部定理49の備考)

スピノザの説明はおおよそこうである。不愉快なことが起こるとき、われわれは排斥すべきものとして不愉快の原因を憎む。憎しみとは「外部の原因の観念を伴った悲しみにほかならない」(第3部定理13の備考)。活動力が低下しつつあるのである。まあ相手が石ころなら腹が立つ程度だが、人間となると憎しみは倍増する。というのも、われわれは自分の行動を意識しながら、その行動へと決定している諸原因を知らない。そのため自分は何からも決定されない「自由な存在」だと誤って信じている(第2部定理35の備考)。そして他人も同類だと思っているので、他人は彼自身から決定されてわざとやるものと信じ、不愉快を

「そいつのせい」にしてしまうのである（第3部定理49の証明）。おまけにわれわれには「感情の模倣」というメカニズムがあって、自分に似た存在、つまり他人の感情を思い浮かべるだけで、自動的にその感情に染まってしまう習性がある（第3部定理27）。他人の憎しみを思い浮かべただけで同じ感情に刺激され、自分も憎むようになっている。こうなると何としてでも復讐をとげるまでは気がすまない（第3部定理40とその系2）。

「自由意志」の幻想と「感情の模倣」。この二つが組み合わさって、ゆるせないでいる。「ねたみ」もそうだ。われわれは他人の欲望をすぐに模倣してしまい、他人と張り合う。隣人が新車を買うと俄然、自分も欲しい。なぜあいつだけがと「ねたみ」を感じる。こういう感情はみな悲しみの一種なので、他人をゆるせないあいだわれわれの自己肯定力は低下していく一方である。何とかならないか。

スピノザの提案は、こういうときは無理に人間をゆるそう、愛そうなどとせず、『エチカ』がここでやっているように自分の感情を自然現象として説明し理解してやる、ということである（第5部定理3、4およびその備考）。私が悲しみとして経験している身体変状には、私が思い浮かべているよりもはるかに多くの原因が噛んでいる。私の脳内に刻まれた痕跡のネットワーク——「記憶」——が連想と感情の模倣を誘導し、他人を都合のよいターゲットとして浮かび上がらせている公算が大きい（第2部定理18の備考）。しかし、そもそも他人は、私と同じく自由原因などではない。彼も自分の行動は意識しているがその原因は知らないのである。――とまあ、こんなふうに説明し、理解する。理解は十全な観念による理性の能動だった。だから、説明されたぶん感情は、たとえ消えなくても受動であることをやめる。感情を「あいつのせいだ」という思考から分離して真なる思考と結合させるようにすること、これは理性にできることだし、実際これ以外に感情の療法はないとスピノザは言う（第5部定理4の系の備考）。

何のことはない、自分の感情を説明できているぶん、もう他人をゆるしているのである。ゆるしは一つの効果であって、意志でもって人を愛したりゆるしたりできるものではない。このことを理解しないと、われわれはゆるせないでいる自分自身をゆるせなくなり、悲しみは悪性化する。スピノザはこういう自己嫌悪を「後悔＝悔い改め」と呼んで、徳と間違えてはいけないと注意している（第3部定理51の備考および第4部定理54）。

スピノザの倫理はしたがって、自分をも他人をも呪詛《じゅそ》や嘲笑や嘆きの毒牙から守る。人間はダメな存在だと考える人々には、スピノザのこういうゆるし方が奇異に思えるだろう。人間は、まあどうしようもないところがある。しかし眉をひそめていないで、むしろなぜそうなっているのかを厳密な推論で証明し説明すべきである。

一切が神の本性の必然性から出てき、自然の永遠なる諸法則、諸規則に従って生じることを正しく知る人は、たしかに、憎しみ、笑いあるいは軽蔑に値する何ものも見出さないであろうし、またなんぴとをも憐れむことがないであろう。むしろ彼は人間の徳のおよぶ限り、いわゆる「正しく行いて自ら愉しむ」ことに努めるであろう。（第4部定理50の系の備考）

これは悔い改めや憐憫《れんびん》とはまったく関係のない、「強さ」によるゆるし、スピノザが「寛仁」（generositas ゲネロジタス＝高邁とも訳される）と呼ぶある種おうようなゆるしである（第3部定理59の備考）。他人のためにゆるしてやるのではない。自分自身のためにゆるす。すなわち無力のしるしでしかない否定的な感情から自分自身を救い出し喜びと欲望だけから大いなる自己肯定へと向かうために、というか、もうそんなふうに向かっている証拠として、「人間」をゆるすのである。

『エチカ』はその名のとおり「倫理学」なのになぜ「〜すべし」という定言命法がどこにもないのか、その秘密がわれわれにもわかってくる。定理はすべて事態の説明である。「べし」は入り込む余地がない。それに、事態が理解されれば、ことさら「ゆるすべきである」と言うまでもなくなっている。『エチカ』は人間の感情と行動を説明しながら、その説明そのものにゆるしの効果があることを実地に教える、そういう倫理書なのである。というわけで、「神あるいは自然」でもって事物や感情が説明できればできるほど、悲しみはそれだけ除去され人生は強く、愉しくなってくる。この喜びが「神への愛」なのだよとスピノザは言う（第5部定理15）。なんじ神を愛し隣人を愛せ。これは宗教の教えだが、スピノザはそれを命令形から解き放ち、理性の公然たる愉しみとしてよみがえらせるというようなことをしているのかもしれない。

社会をゆるしてやること

スピノザの倫理が徹底して自己肯定を原理にしていることがわかった。たしかにそれは強さゆえのゆるしを伴うかもしれない。でもそれだと、やはり他人を蹴落《けお》として自己の利益ばかり追求するエゴイズムになってしまわないか。スピノザは、大丈夫、心配はいらないと答える。

おのおのの人間が自己に有益なるものを最も多く求めるときに、人間は相互に最も有益である。（第4部定理35の系2）

みんなが自己利益の追求に徹しているなら、お互い同士、大変ありがたい存在であるはずだ、というのである。どういうことだろうか。

「有益」ということを考えてみよう。個体Aと個体Bがあるとする。Aの現実的本質はAの自己肯定に役立つあらゆることをAにさせ、Bの現実的本質もまたBの自己肯定に役立つあらゆることをBにさせるのだった。さて、AもBも同じ属性の様態なのだから、どこか共通するものを持っているはずだ。ならばAの自己肯定に役立つあることが、同時にまたBの自己肯定に役立つことでもある、たまたま一致する、ということは当然ありうる。その一致する事柄をcとしよう。すると、AとBが遭遇すると、cを縁としてAとBは結合し、このカップリング――対になること――においてAの自己肯定とBの自己肯定が互いに強められるだろう。そのとき、AにとってBは有益であり、BにとってAは有益である（第4部定理31）。共通概念について見たことを思い出してほしい。たとえば私という個体A、私の部屋にいる猫個体Bのあいだには、きっとそういう「本性上の一致」（コンヴェニエンチア convenientia＝適合と訳してもよい）がある。それで私は猫を捨てないし、猫も私を捨てない。一致する事柄cは、たとえば餌を食べてもらい／食べさせてもらうこと、撫でさせてもらい／撫でてもらうこと、互いのそばにいてやることなどである。そのとき、私から見ると猫は私の本性に適合一致する「よい」ものであり、猫から見るときっと私は猫の本性に適合一致する「よい」ものなのである。

この帰結として、事物はわれわれの本性とより多く一致するに従ってそれだけわれわれにとって有益あるいはよいものであり、また逆に事物はわれわれにとってより有益であるに従ってわれわれの本性とそれだけ多く一致する、ということになる。（第4部定理31の系）

反対に、「わるい」というのはわれわれの本性と一致する事柄に対立し、これをキャンセルするような有害な事物のことである（同じく第4部定理31の系）。考えてみると、われわれは日々、本性上一致する事柄を縁にしてたくさんの事物とカップリングしながら生きている。ほとんど、それが生きているということである。そのままでカップリングできない相手は馴致《じゅんち》し、加工してカップリングできるものに変える。鶏や豚は屠り、皿の上の料理個体にしてからカップリングする。屠られるものにとってわれわれは「わるい」に決まっているが、ちゃんと食べてあげるならそれで罪悪感を持つ必要はない（第4部定理37の備考1）。料理になってしまったものにとって私が有益かどうか、ちょっと心配だが、まあ食べてくれる人がいなければ料理個体は腐敗し捨てられるのは確かである。もちろんそうなっても、別な個体に変化した残飯は、また別な種類の個体たちの本性と一致して新たなカップリングをしていくことだろう。生き物だけではない、われわれは同じように、建築とカップリングし、乗り物とカップリングする。要するに、神あるいは自然の中はこういうカップリングだらけであって、これが神の力能、神のなしうることの具体的な表現になっているとスピノザは考えているのである。

こんなふうに考えるなら、われわれにとっていちばん有益なのは人間、それも理性に導かれる限りにおける人間に決まっているとスピノザは言う。なぜなら、理性的な人間は人間本性にとって役に立つ事柄しかしようとしないのだから、そういうもの同士が適合一致しないなどということはありえないからだ(第4部定理35の証明)。しかし、とわれわれは言いたくなる、たとえば孤島に流れ着いた二人の人間が食べるものがなくなったとき、自己肯定しか考えない人間は、相手を殺して食用に供するというような考えを冷厳な理性の指図に従って考え付かないでもないではないか?

スピノザはこういうホッブズ的な食うか食われるかの極限状況といった想定に興味がないらしく、直接答えてはくれない。しかしそれには理由がある。スピノザはきっとこう考えているのだろう。相手を取って食っても、それは数日の飢えのしのぎにすぎない。それよりも、食べ物が尽きたなどと、どうして言えるのか。二人の周りには多くの事物がある。その中には加工するなり栽培するなりすれば人間本性に一致するようなものがあるかもしれない。ふたたび共通概念を思い出そう。あらゆる事物にはわれわれと必ず共通なところがある。一致するところがゼロ、カップリングの可能性がゼロという想定自体が不自然なのである。ならば、二人の知恵を合わせて事物を研究するがよい。事物との新たなカップリングの発見と実現に従事しているあいだ、彼らは単独でいるよりもはるかに強力で、互いにとって最も有益な存在であろう（第4部定理18の備考）。それでも力及ばず滅ぶなら、そのときはともに滅びるがよい。このように「神あるいは自然」の認識に携わる限り、二人が対立することはありえない。神あるいは自然の認識は自己肯定の徳に従う人々の「最高の善」である。この善を享楽する人間同士は必然的に一致し、互いに有益であろう（第4部定理36とその備考）。だから徳に従う人は他人もそうなってほしいと必然的に思う。次は定理である。

徳に従う各々の人は自己のために求める善を他の人々のためにも欲するであろう。そして彼の有する神の認識がより大なるに従ってそれだけ多くこれを欲するであろう。

（第4部定理37）

スピノザは友愛と善意をこういう欲望として考える（同定理備考1）。人間はほんとうに自己の利益を追求するなら、その限りで互いを最も大切にし、互いに最も多く感謝するであろう（第4部定理71）。

したがって、みんながちゃんと自己の利益を追求するなら基本的に何の問題もない。問題は、ねたみや憎しみに妨げられてそうしようとしないところから生じる。この点、スピノザはマキアヴェッリを信頼する徹底したリアリストである。みんながみんな、いつ何時でも理性的であることなどありえない。歴史を見るにつけ、人間たちを結び付けてきたのは理性ではなく、感情であることははっきりしている。彼の『国家論』から引用しよう。

すでに述べたように、人間たちは理性よりも感情によって導かれる。そこから、群集が自ずと一致団結し・あたかも一つの精神によってであるかのように導かれたがるのは理性の導きにではなく、何らかの共通の感情にもとづく、ということが帰結する。すなわち［……］共通の期待や恐れ、あるいは何らかの共通の損害に対する復讐の願望等に基づいてそうするのである。しかし、誰も孤立していてはおのが身を守り・生きるに必要なものを調達する力がない以上、孤立への恐れは万人のうちにある。ここから、人間たちはその本性からして国家状態を欲求するようになっており、国家状態

をすっかり解消するということは決して起こりえないという結論になる。(『国家論』第6章第1節)

人間の群れが解消しない秘密は、「政治」にある。それが、彼ら人間をして同じ事柄を恐れ・期待するように仕向け、「あたかも一つの精神によってであるかのように」導かれたがる欲望を維持してきた。

もし最も有益なものを最も欲するというふうに人間の本性ができあがっているとしたら、和合や信義を保つために何の術策をも要しなかったであろう。ところが周知のように人間の本性はまったくそんなふうにできていないのだから、国家〔＝命令する権利〕が必然的に次のように制度化されねばならない。すなわち治者ならびに被治者がみな、欲しようと欲しまいとにかかわらず、共通の福利の要求するところを為すように、言い換えればすべての人が、自発的にせよ力あるいは必要に強いられてにせよ、とにかく理性の指図に従って生活するように、制度化されねばならない。(『国家論』第6章第3節)

法によって導かれる群れ全体の力が成員ひとりひとり（支配者も含む）の力を圧倒するとき、そこに一個の個体として国家がスーパービーンしている（『国家論』第3章第2節）。国家の力量は、ねたみと憎しみに傾きやすい人間たちを巧妙に協力させ、だれもがその増幅された力を恐れ・かつ期待するほかなくなるようにさせるある種の「術策」にかかっているというのである。同じく『国家論』から。

思うに人々を恐れによって導くことしか意図しない国家は過失のないことはありえようが、進んで有徳の国家とはなりえない。人間というものは、自分は導かれているのでなくて自分の意向・自分の自由決定に従って生きているのであると思いうるようなふうに導かれなくてはならない。（『国家論』第10章第8節）

国家は本性上、服従を生産する巧妙な「術策」でしかありえないし、それでよい。清廉の士や無辜《むこ》の民のユートピアを描いても無駄である。むしろ、治める者も治められる者も自分が自由決定の主体であるかのように感じられるような、そういうありったけの術策が——見方によってはほとんど民主的とすら思えるまでの高度な術策が——必要なのだ（『エチカ』第2部末尾第4項）。したがって、政治をまるで倫理的な堕落のように嘲笑・呪詛する憂鬱な思想からは手を切るがよい、とスピノザは言う。群れに生きる人間にとって、国家社会からは損害よりもはるかに多くの利益が生じるようになっている。本来は理性が導くカップリングを、理性に代わって人々にさせる。だったらさっさと認めて人間社会はゆるしてやればよい。賢者の共同体も砂漠の孤独も不可能である以上、ゆるしてやる（『エチカ』第4部定理35の系2の備考）。そしてすすんで共同の利益を考慮し、国家の共同の決定に従って生活してやる。処罰を恐れてではない。自分の自由からそうするのである（『エチカ』第4部定理73）。

事物の愛し方

自分をゆるし、世界を、人を、社会をゆるす。そんなのは結局、現状肯定にすぎないじゃないかといぶかる向きもあるだろう。そうではない。

いま一度、「目的とは衝動のことである」を思い出そう。自己肯定の衝動は欲望としてしか意識されないのだった。欲望は実現してほしい事態を目的として思い浮かべる。したがって、哲学がなしうることはこの目的を「完全」な理想像としてはっきりさせ、「最高の欲望」に形を与えることに尽きる。それが『エチカ』では「眺めるべき人間本性のお手本」（第4部序言）としての「自由な人間」であり、『国家論』では「最善の国家」だった。

したがって現状を、その理想像から遠ざかっているぶん「不完全」だと評価するのはかまわないし、当然なのである。ただ、たとえわれわれから見て不完全でも、事物は現に何かができていることに変わりはない。事物の力能はいつも及ぶところまで及んでいる。それがわからないで、人は何を改善しようというのだろうか。

スピノザの面白いのは、どんなに「不完全」だからといって馬鹿にしたり虚仮《こけ》にしたりしないということだ。彼によれば、「完全」「不完全」とは事物そのものに宿る性質ではなく、もともとわれわれが同じ種類の事物を比較するときの「思考の様態」にすぎない。たとえばAさんよりもBさんの方が頭がよい、だからBさんの方が完全でAさんの方が不完全。あるいは同じCさんでも、十年前より今の方が物覚えが悪くなった。それで十年前の方が完全で今は不完全、というふうに。しかし、

これを不完全と呼ぶのは、それらの事物はわれわれが完全と呼ぶ事物と同じようにはわれわれの精神を動かさないからであって、それらの事物自身に本来属すべき何かが欠けているとか、自然が過ちを犯したとかいうためではない。なぜなら、事物の本性には、その起成原因の本性の必然性から出てくるもの以外のいかなるものも属さないし、また起成原因の本性の必然性から出てくるものはすべて必然的に生じるからであ

る。(『エチカ』第4部序言)

真理について見たことを思い出そう。「神あるいは自然」の中ですべては真実なるものとして生じている。その点で一切はいつも等しく完全で、いかなる点においても欠けるところはない。われわれが自分の衝動関心から比較をするから「完全」とか「不完全」とか言っているだけなのだ。われわれは石に視力が欠けているとは言わないくせに、どうして目の見えない人のときには「視力が欠けている」などと言うのだろうとスピノザは問うている(書簡21)。ありもしない「欠如」ばかりが目について、われわれは現に存在しているものへの尊敬が妨げられているのである。

スピノザは「完全な人間本性」が望ましい、「最善の国家」が願わしいとはもちろん思っているけれど、だれに対しても——おそらく自分自身に対しても——完全であるよう「命令」はしなかった。たしかにわれわれの評価基準から見て完全であることは望ましい。その判断は正しい。だからそうなるために、あるいはそうなってもらうために、ありったけの知恵を絞る。しかし「神あるいは自然」は、人間の願いを叶《かな》えるために存在しているのでも働いているのでもないということを忘れてはならない。事物はわれわれが思う完全なものになるために存在しているわけではない。それ自身で見られれば、存在する以上どんなものもそのつど完全である。それゆえスピノザは、『国家論』を読めばわかるように、君主制でやってきた国家に対し何が何でも民主国家でなければならぬと要求はしなかった。哲学に無縁な人々の無知も心からゆるしてやった。宗教が教えるように、人がまっとうに生きるには正義に対する敬虔と従順があればそれでよいのである。『神学政治論』から引用しよう。

実際、神に関する認識がすべての信仰者で等しいわけではないことをだれが知らないであろう。また、なんぴとも命令されて生存したり存在したりできないと同様、命令されて賢くあることなどできないということをだれが知らないであろう。男も女も子供も、およそ人間は命令されて等しく従順であることはできるが、命令されて等しく賢くあるわけにはゆかないのである。（『神学政治論』第13章）

だから、とスピノザは続ける、「神あるいは自然」を認識するよう万人を義務付ける命令など存在しない。もしそういう認識が若干の人々にアクセスできるなら、それは前に言ったような意味で望外の「恩寵」なのだ。そして彼はこう付け加えてもよかっただろう。しかしそうでない大多数の人々にその恩寵が「欠如」しているわけではない——石に視力が欠如しているわけではないように。

スピノザはずっと独身で下宿生活をしていた。教会に通っていた大家のおかみさんからある日、いまの自分の信心で救われるだろうかと彼は質問されたらしい。スピノザの答えは、大丈夫、救われます、というものだったそうである。「有徳なる無神論者」と気味悪がられたこの人には、独特の事物の愛し方があったのだと思う。

6 永遠

無神論（？）

以上、われわれは『エチカ』の第5部の冒頭あたりまで見てきたことになる。

第1部「神について」
第2部「精神の本性および起源について」
第3部「感情の起源および本性について」
第4部「人間の隷属あるいは感情の力について」
第5部「知性の力能あるいは人間的自由について」

スピノザの倫理はひとことで言うと「強さ」の倫理である。「強い人間」(vir fortis)――スピノザは自由な人間をそう呼んでいる――は、勇気とおうようさでもってゆるしてやるだけの器量がある。一切が「自然」の本性の必然性から出てくると考えるので、不愉快なことも恨んだり気に病んだりしない。そして他人のためにでなく自分の大いなる欲望のために、憎しみ・怒り・ねたみ・嘲笑・高慢といった有害な感情を遠ざけることに努める。そういう人間はいつもできる限り正しく行おうとするが、だれかに言われてでなく自分の愉しみでそうするのである（第4部定理73の備考）。

なんだかニーチェを思わせないでもない。ご承知のように、ニーチェはキリスト教を奴隷の道徳とし、これに古代の高貴な主人の倫理を対立させた。高貴な人間は自分の約束を守り、どんな負債でもすすんで負うほどに強い。それが支配者というものであって、彼らにとって正義は疚《やま》しさとは無縁である。ところが弱者たる奴隷的人間は、負債を負いきれない。そこで弱さこそ正しく、強いことは弱者に対する暴虐だ、疚しく感じるべき不正だと逆転させる。そうやって神にまで疚しさを押しつけ、「神は人間の債務のために自らを犠牲にする」という教義をでっちあげる。強者に対する弱者のどす黒い復讐心、ルサンチマンだ（『道徳の系譜学』）。こんなふうに考えるニーチェにとって、スピノザは貴重な例外者だった。

僕はすっかりびっくりして、うっとりとしているんだ！　僕には先駆者がいるのだ、なんという先駆者だろう！　僕はほとんどスピノザを知らなかった、僕がいま彼をもとめたというのは、ひとつの「本能的な行為」であったのだ。彼の傾向がすべて、――認識をもっとも力づよい情熱とする――僕の傾向にそっくりだというだけではない。彼の説の五つの主要な点に僕はまた僕の姿をみたのだ。このもっとも異常な、もっとも孤独な思想家は、まさにこの点で僕にもっとも近いのだ、――彼は意志の自由を否定する、目的を、道徳的世界秩序を、非利己的なものを、そして悪を否定する。むろん相違したところは大いにあるが、それらはむしろ時代や文化の、または学術上の相違した点にあるのだ。つまりだね、高い高い山に登ったときのように、ときどき僕の息をつまらせたり、血を流させたりした僕の孤独が、すくなくともいまは、二人連れの孤独なのだ、――ふしぎだね！（フランツ・オーヴァーベク宛て一八八一年七月三〇日、理想社『ニーチェ全集』書簡集1、書簡145）

スピノザの神は善悪の彼岸において一切を自らの本性必然から生み出し、人間の行為もその一つにすぎない。こういうスピノザにとって、「お前は自分の自由な意志でそうしたのだから、当然責めを負うべき罪人だ」という論理は通用しない。「スピノザにとって世界は良心の疚しさの発見以前におけるあの無邪気な状態へ立ち戻った」。そうニーチェは語っている（『道徳の系譜学』第15節）。

たしかにスピノザは、ニーチェがルサンチマンと呼ぶものを的確に捉えていた。いわく、名誉に恵まれない人はしばしば恵まれた人々をねたみ、怒りを吐き出しつつもなお自分が賢明であるように見られようとして、自己を卑下する。卑下は実は高慢の裏返しにすぎない。そういう人間は他人との比較しか頭にない「奴隷」である。反対に「自由人」は自己以外のなんぴとにも従わず、自分が最も大事で最も欲することのみをよしとし、あれこれ非難する前に、直接よいことに赴く。だから、百パーセント十全な観念しか持たない完全に自由な人間は悪という概念を持たず、したがって悪を忌避する善という概念も持たないであろう（『エチカ』第4部定理57の備考、定理63の備考と系、定理66の備考、定理68、第5部定理10の備考）。ニーチェ好みの「善悪の彼岸」である。しかしニーチェは「神の死」を引き受けようとして孤独だったのに対し、スピノザは彼の神とともにいた。だれの手も煩わせずに、いわば勝手に救われていたのである。

『エチカ』第5部「知性の力能あるいは人間的自由について」は神の愛を語り、至福と永遠、魂の平安について語る。スピノザを戦闘的無神論者と持ち上げる人たちは困ってしまう。反対にスピノザを冒瀆のかどで非難したい人たちも、やはり困ってしまう。不可解な裏切り？　それとも陰険な目くらましの策略？　そんなふうに勘ぐりたくなるのは、スピノザの世界があまりに「無邪気な状態」に立ち戻っていて、われわれの目が慣れないせいだと私は思う。スピノザはここでも本気なのだ。この最終章は、スピノザの言う魂の永遠と平安について考えることにしよう。

神への愛

「神への愛」から始める。事物を必然的なものと見るようになればおのずと神を愛するようになる……『エチカ』第5部の定理11から20はこんなことを言う。しかし……スピノザの神は人格神ではない。誰かが誰かを愛しあるいは憎むというような意味ではなんぴとをも愛さず、なんぴとをも憎まない。神には非十全なところがないので、人間のように喜んだり悲しんだりの感情に染まりようがないのである（定理17とその系）。無感動で、われわれを見守るまなざしすら持たない。そんな神をいったいどうやって愛せるというのか、と人は言いたくなるだろう。

振り返ってみよう。すべての事物は必然的であると知るとき、われわれは自分が感情の原因を勘違いしていたことに気付き、感情に振り回されることがそれだけ少なくなる（第5部定理6）。それとともに、なんだ、感情なんてそういうものだったのだと理解され、感情は消え失せないまでも受動であることはやめる（同じく定理3）。受動フェイズから能動フェイズに移行しつつあるわけで、精神は自分の力に自信と喜びを感じる――第五章でわれわれが見たように。

証明はこうなっている。この喜びは「すべての事物は必然的である」という認識がないとだめであるが、必然性は神なしに理解できない。したがって精神のこの喜びは必ず神の

観念をその原因観念として伴っている。喜ばしいのは神のおかげなのである。よって、

自己ならびに自己の感情を明晰判明に認識する者は神を愛する。そして彼は自己ならびに自己の感情を認識することがより多いに従ってそれだけ多く神を愛する。（第5部定理15）

証明終わり。

さて、この「神への愛」は愛し返しを求めない無償の愛である（定理19）。なぜなら、神は人間のように感情へと刺激されることはない。もし愛し返しを求めるなら、愛する神が神でないと認めることになり悲しみを生じる。愛は喜びなのだから、これは矛盾。ゆえに神を愛する者は愛し返してもらおうとするはずがない。証明終わり。

無償といっても、すでに喜びが与えられているのだから大変お得である。この点が「なんじ神を愛し隣人を愛せ」と命じる宗教と違うところかもしれない。命令を守るには、あの世での報償（たとえば地獄でなくて天国）が期待できないと困る。だからどうしても、少しばかりさもしいところがあり、疚しい。裏を返すと、愛の酬《むく》いの約束が反古《ほご》になるなら好き勝手もかまわないという話になっているからである（定理41の備考）。宗教はだから、

未来の報償と永劫の罰という話を捨てられない。スピノザの「神への愛」は、こういうご褒美《ほうび》目当てとは無縁である。いま正しく行う自分の強さに喜びを得ているなら、悩まなくてももう神を愛していることになっている。

「神への愛」が物理的にも安定したものだと証明しているのは、いかにもスピノザらしい。こんなふうである。神を愛する者は万物が神の本性の必然性から出てくると見ているので、どんな嫌なものに遭遇しても神の観念に関係付けて理解できる。同様に、どんな嫌な感情が生じても神の観念に関係付けて自然現象として理解できる。要するに、どんな経験も、どんな感情も、神への愛を育《はぐく》む機会でありこそすれ、それを損なったり破壊したりすることはない（定理16）。またこの愛は嫉妬で損なわれるおそれもない。神を愛する者は自分と同じ理性的な徳をできるだけ多くの人々にも持ってもらいたいと欲するようになっているのだから（定理20）。というわけでこの愛には、物理的に言って実生活の中でそれを壊す原因がない。よって、

神に対するこの愛はすべての感情のうちで最もコンスタントなものであり、またこの愛は身体との関連で見られる限りでは身体自身とともにでなくては破壊されえない。
（定理20の備考）

永遠の相のもとに

そうは言ってもなあ……と思われるかもしれない。愛していることになっているというけれど、「愛」って何かもっとリアルなものである気がする。それに、「神への愛」はいちばんコンスタントである、不壊《ふえ》である、と言ったって、それは生きているあいだだけのことでしょう。「身体自身とともにでなくては破壊されえない」ということは、身体とともになら破壊されうる、永遠ではないということだから。何だか、結局は世俗的な合理宗教にすぎない感じがする。スピノザも、ここまでの話は処世に関わる感情制御の一般的な問題であった、などと言っている（定理20の備考）。しかし、人は死ぬ。スピノザも肺を患いながら、自分はそう長くはないと知っている。いくら理性に従って正しく生き、神を一方的に愛しても、死によってすべてが滅びるなら空《むな》しい。死の日に空しいなら、その前日も空しく、その前々日も空しく、というふうにして結局はいまがすでに空しい……。

待ちたまえ、とスピノザは答える。私はまだ「至福」と「永遠」について語ってはいない。『エチカ』第5部の最後、定理21から42が残っている。

そう、定理21から42が残っている。この部分はいつ読んでも異様な緊張を感じさせるところだ。どう言ったらよいのか、カチッと音がして、とつぜん異次元に突入して行くような感じである。スピノザ自身、注意、ここからモードを変更する、と警告を発している。

これで私は目の前の生活に関する一切の事柄を終了した。［……］ゆえに今や、身体との関係を抜きにした精神の持続に関わる問題に移行する時である。（定理20の備考）

いよいよ滅びゆく身体をあとにして「永遠」の次元に突入する、注意せよ、と言っているのである。われわれも突入に備えて目を回さないように、スピノザが「永遠」ということで何を言おうとしているのか、まずは見ておこう。

スピノザは、心配はいらない、もうすでに、われわれは事物を「永遠の相のもとに」見ているのだよと気付かせてくれる。思い出そう。ことのはじまりは、「真理」だった。われわれは、なぜか「これはそうであって、それ以外ではありえない」という真なる観念を持っている。それは、われわれが「神あるいは自然」の真理空間の一部になっているからだった。真理空間の中では、すべては現にそうであってそれ以外ではありえない（さもないと真理でなくなる）。「すべては現にそうであってそれ以外ではありえない」ということの必然性は、神の永遠なる本性の必然性そのものである。これが『エチカ』の答えだった。だからすべての事物は神の本性の必然性から、ちょうど三角形の本質から内角の和が二直

角であることが必然的に出てくるように出てくる。以前に引いた定理をもう一度引用しておくと、

事物は現に産出されているのと異なったいかなる他の仕方、いかなる他の秩序でも神から産出されることができなかった。（第1部定理33）

スピノザは、こんなふうにそれ以外ではありえない仕方で出てくること、それが「永遠」なのだと言う。「永遠」の定義はこうなっている。

「永遠」（aeternitas）とは、永遠なるものの定義のみから必然的に出てくると考えられる限りでの、存在（existentia）そのもののことと解する。（第1部定義8）

永遠なるもの、「神」を定義すると、そこから必然的に、神の存在が出てき、すべての事物の存在が出てくる。第三章で見たように、これが自己原因と内在原因ということだった。事物の現実は一つしかない、ということと、神がすべてである、ということとが、ほかには何もない、という必然性において一致している。考えてみると、たしかに必然性と

いうものは時間では説明できない。たとえば三角形の内角の和が二直角であることは、うつろう時間と関係のない永遠真理である。いつからそうなっているかと問うても意味がない。同じように、事物の現実がたった一つ、これであって別様ではない、という必然性も時間では説明できない。

このような存在は、事物の本質と同様に永遠真理と考えられ、そしてそのゆえに持続や時間によっては説明されえない――たとえその持続をはじめも終わりもないものと考えようとも。（第1部定義8の説明）

永遠というと、われわれははじめも終わりもない無限の時間を考えてしまうけれど、スピノザの「永遠」はそんなものではないことがわかる。必然性には以前も以後もない。だから必然的にかく存在することと考えられる限り、事物の現実がいまこんなふうにあるそのことが「永遠」である。

もちろん、スピノザは無時間的なフリーズ状態を考えているわけではない。全宇宙のありようは絶えず変化し続け、諸々の事物がその様態として現れては消える。だが、「時間」(tempus) は太陽や時計の針の移動で経過をはかる抽象的なスケールのようなもので、現実存在の持続と間違ってはならないとスピノザは注意している（第2部定理44の備考）。変化を時間スケールに転写し、巻き尺のように直線上にのばすと、猫Aはそのスケール上の時刻t_1に出現し、消滅の時刻t_2までのあいだ存在する、というふうにベタで見えるけれど、実際には猫Aは、もしそれがいるのなら、現在にしかいない。あたりまえだが、何かが現実に存在するのは、いつも「いま」である。スピノザが「必然的に出てくると考えられる限りでの存在」と言っているのは、そういう、つねに「いまここに」という仕方でしか指すことのできない現実的でリアルな存在のことである。猫Aは事情が違えばここにいなかったかもしれない、とか、いつかいなくなるだろう、とか言うとき、その猫Aはわれわれの想像の中にしかいない（第2部定理44の系1）。現実はつねに「いま」起こっている。それも、別様では決してありえない唯一の現実として。猫Aがいるのはまさにその現実である。そして、現にそいつがそこにいる必然性は、やはり時間からやってくるのではない。スピノザの永遠は、無限に長く存在し続けることでもフリーズした無時間世界でもない。いまそこに現実に存在していることが永遠なのである。

諸事物はわれわれによって二種の仕方で現実的なものとして考えられる。すなわちわれわれは事物を一定の時間および場所に関係して存在すると考えるか、あるいは事物を神の中に含まれ、神の本性の必然性から出てくると考えるか、そのいずれかである。ところでこの第二の仕方で実在的なものとして考えられるすべての事物をわれわれは永遠の相のもとに考えているのであり、そしてそうした事物の観念の中には、第2部定理45で示したように（なおその備考も見よ）、神の永遠・無限なる本質が含まれているのである。（第5部定理29の備考）

事物を偶然としてでなく必然として理解すること。それは、その必然性が神の永遠なる本性の必然性そのものであると理解することに等しい。理性は非常に一般的な仕方ではあるが、このことを示唆してくれる。万物は自然の永遠なる法則に従って生じ、それ以外に現実的な存在はない、だからすべての事物は必然的であって、別なふうに産出されることはできなかった。アインシュタインもそう確信していただろう。自然法則の存在を確信する理性は、それと知らず、神の永遠に出会っている。

事物を必然と見ること。それが「永遠の相のもとに」見ることである（第2部定理44の系2の証明）。「永遠の相のもとに」見るとき、われわれのこの現実が、いわばリアル・タイムに永遠であることが見えてくる。さあこれで、モード変更の準備は整った。

第三種の認識

スピノザは認識のモードを三つに区別している（第2部定理40の備考2）。整理しておこう。

第一種認識（意見もしくは表象的認識（imaginatio））
第二種認識（理性的認識（ratio））
第三種認識（直観知（scientia intuitiva））

第一種認識は習慣的な経験に頼っていて、ほんとうの必然性というものを知らない。だいたいこれまでそうだった、みんなもそう言っているし……という程度のあやふやな認識である。だから違う意見の人が出てくると、動揺する。

第二種認識は必然性を知っている。われわれがつきあっている事物には、それと何かをしようとすると無視できないような基本的な特性があって、共通概念という形でわれわれに知られている。そこから幾何学や物理学ができてくる。ただ、この認識モードは一般的な法則の形でしか必然性を知らない。「この猫」とか「この私」とかについて語っているつもりでも、実際には一般法則で説明できる一事例として語っているだけである。ベースになっているのが共通概念で、定義からしてこの世に一つっきりの個物の本質について語る概念ではないからしかたがない。第二種認識はたしかに「永遠の相のもとに」見てはいるが、その永遠は自然法則の永遠であって、「いま、この」という絶対的な参照点が欠けているのである。

このもどかしさから、もっとリアルに必然を、永遠を、知り・感じたいという欲望が生じる（第5部定理28）。スピノザはこの三番めに出てくるものすごい欲望の強度を持った認識モードを、第三種認識、「直観知」と呼んでいる。カチッと音がしたのは、第二種認識から第三種認識へのモード変更だった（同じく定理36の備考）。

第三種認識は「個物の認識」である。猫Aはこの世に一匹しかいない、私というものはこの世にただひとりしかいない、そしてそれは神が唯一であるということと別なことではない。こういう必然性をこの猫A、この私に則して直観し、いまここにこうしている猫と私がそのままリアル・タイムに永遠であることを直観する。そういう認識モードである。

そういえば、個物の「個」に当たるラテン語には「パルティクラーリス」（particularis）と「シングラーリス」（singularis）があるが、『エチカ』は「シングラーリス」の方を好んで用いる。それには理由がある。「パルティクラーリス」だとパート、つまり同類全体の中の個別事例という意味になってしまうが、「シングラーリス」ならシングル、すなわち他のどれとも似ていない特異な、単独の、一つっきりの、という意味になる。第三種認識はこの世に一つっきりの事物の、リアル・タイムの認識のことだ。

「この私」は間違いなくこの世にひとりしか存在しない。未来永劫だれも私に代わることはできないので、これは時間に関係なく必然的な真理、私というものの永遠真理である。私は、自分がそれであるところのその永遠真理を、いわば内側からじかに生きている。猫Aがこの世に一匹しかいないのなら、やはりそんなふうにして猫Aも自分の永遠真理をそれと知らずに生きている。

スピノザはこんな分析をしてはいないけれど、次の定理が言及している「観念」とはそういう真理を表現する観念のことだと考えると、腑に落ちる。

神の中にはこの・またはかの人間身体の本質を永遠の相のもとに表現する観念が必然的に存在する。(定理22)

あなたはあなたであり私はこの私であって入れ替えはきかない。これは時間に関係なく真理だから、その永遠なる観念がそれぞれ神の絶対的な真理空間の中に必然的になければならない。もしそうでなかったら、あなたがあなたとして、私が私としてここに存在しているはずはないのである。スピノザはここから決定的な一歩を踏み出す。精神とは、第四章で見たように現実に存在する身体の観念のことであった。とすれば、いま言った「身体の本質を永遠の相のもとに表現する観念」は、永遠の相のもとに見られた精神自身のことであるということにならないか。なるであろう。よって、次は定理である。

人間精神は身体とともに完全には破壊されえず、その中の永遠なる何ものかが残る。
（定理23）

魂のある種の不滅を言っているのだろうか。だがスピノザは、これを死後の魂の存続と混同してはならないと注意している（定理34の系の備考）。たしかに、スピノザの永遠は終わりなく存在し続けることではない。いまここでの事物の必然的な存在が永遠ということだった。だったらなぜ永遠なる何ものかが「残る」などと言うのか。

こう考えてみてはどうだろう。私は自分自身を二つの仕方で考えることができ、それに応じて世界も二つの仕方で見えてくる（定理29とその備考）。

（1）一つは第一種の認識で、記憶や評判や予測から自分像をつくりあげ、結局、世間的人間のひとりとして人生を送る。これでは私が私であるという必然性も、その必然性がどこから来るかも知らないまま死んでしまうことになる。

（2）もう一つは第三種の認識で、自分自身を永遠の相のもとに考える。それは何か神秘的な瞑想ではなくて、いま『エチカ』の証明でやっていることである。自分はこの世にひとりしかいないという必然性と、現実が一つでありそれは神であるという必然性とが同じ必然性だということを、証明の中で理解する。『エチカ』はさらに、いまそんなふうに理解できてしまうのは、なんじが神の永遠なる無限知性の一部分であるからだ、という証明に進む（定理31）。もしなんじの知性が神の永遠なる思考様態の一部分でなかったなら、これら一連の証明を理解できているはずはない。その知性がなんじの永遠なる部分である……。『エチカ』のこのあたりを読むといつも異様な緊張を感じるのだが、きっとそれは、証明している自分自身が証明されているという特異な必然性経験をしてしまうからだろう。スピノザはそれがわかっていて、備考の一つでこう述べている。われわれは自分が永遠であることを感じ・経験する。なぜなら、ほら、証明の眼で見ている何ものかは永遠である、という証明をわれわれはいま見ているのだから（定理23の備考）。

この二つの認識モードを比べると、第一種認識の方は表象と記憶が身体もろとも滅びるとき、一緒に消去される。世間に合わせて思い描かれただけで何の必然性も表現しない「じぶん」はそれと同時に無に帰する。それはいつ起こっても同じだから、いまからすでに、そんな「じぶん」は無に等しいのである。しかし第三種の認識は違う。私は「この私」の比類なき存在を神の本性の永遠なる必然性によって理解する（定理30）。死のうとどうなろうと、神が神でなくならない以上私が私でなくなることはない――私はこの、時間によっては説明されえない私の存在の永遠真理があることを知り、その真理を神の中で表現する観念が自分であると知っている（定理23の備考）。「永遠なる何ものかが残る」というのは、そんなふうに、死によって消去されえない私に関する必然性がある、という意味だと思われる（同定理の証明）。

われわれは慣れるまでは、こうした二つの認識モードを混在させて生きてゆくしかないだろう。それでも、混在の比率を変えていくことはできる（能動・受動のスケールを思い出していただきたい）。リアル・タイムの永遠を感じ・意識できる有能な身体に、いまなってゆけばよいのである。そうなれば、いまからすでに、表象や記憶の消去と無関係な「永遠なる部分」をそれだけ大きく持っていることになるのだから（定理39）。時間の影響を受けない私の真理を死は奪えない。そんなふうに理解し始めている私はもう永遠である。だから死は、どうっていうことはない（定理38）。こうしてスピノザは、失うことが不可能な何かを手に入れる。

神の知的愛

今ここですでに永遠なのだから死のうがどうなろうが大丈夫。これは最強無敵の認識であって、最高の安心、「最高の平安」をもたらす（定理27）。スピノザは「自分への安心」（アクィエスケンチア・イン・セー・イプソー acquiescentia in se ipso）という言い方もする。「自己満足」と訳されていることもあるが、要するに自分に満ち足りて何の不安もない状態と考えればよい。ニーチェの「愉しき知識」を思わせる認識である。ただ、ニーチェと違うのは、スピノザの愉しい知識は神の観念を伴っているということだ。

われわれは第三種の認識において認識するすべてのことを愉しみ、しかもその原因としての神の観念がこれに伴う。（定理32）

そのわけは繰り返すまでもない。第三種の認識は、神の本質によって存在を含むようなものとして自分を考えることだからである。さて愛の定義により、原因としての神の観念を伴う喜びは神への愛にほかならない。よって、

第三種の認識から必然的に神への知的愛が生じる。（同定理の系）

「知的」と付いているのが、先に見た理性的認識から生じる「神への愛」と違うところだ。理性的認識が育む神への愛はコンスタントな愛であるとはいえ、一方的でもうひとつ迫力に欠ける愛だった。今度の「神への知的愛」は、同じ愛でも「永遠なる愛」にレベルアップしている。スピノザによれば、この愛は自らの正体を知っている。「神への知的愛」は、実は神が自分自身を愛する無限の愛の一部分だというのである。このあたりに来ると『エチカ』はいったい何ものが語っているのかわからなくなってくるのだが、われわれは必死にスピノザの裾《すそ》につかまって進んでいこう。いまの定理を引いておく。

神に対する精神の知的愛は、神が無限である限りにおいてではなく、神が永遠の相のもとに見られた人間精神の本質によって説明されうる限りにおいて、神が自分自身を愛する神の愛そのものである。言い換えれば、神に対する精神の知的愛は、神が自分自身を愛する無限の愛の一部分である。（定理36）

もう誰が誰を愛するなどという話でなくなっているのは明らかだ。続く系は人称の区別が消えつつある。

この帰結として、神は自分自身を愛する限りにおいて人間を愛し、したがってまた人間に対する神の愛と神に対する精神の知的愛とは同じ一つのものである、ということになる。（同定理の系）

整理すると、

人間が神を愛する知的愛
＝神が人間を愛する知的愛
＝神が自分自身を愛する知的愛

つまり、人間が神を愛し神が人間を愛するということは、結局神が自分自身を愛しているという同じ一つのことである。ラテン語で「神の知的愛」(amor Dei intellectualis) と言うときの「の」は、「神が愛する愛」とも「神に対する愛」ともとれる。スピノザは同時にその両方の意味で読ませようとしているのである。愛の向きが逆なのだから不可解としか言いようがない。それに、さっきまで神は愛し返さないなどと言っていたじゃないか。スピノザはどうかしてしまったのだろうか。

第四章で人間精神の説明を見たときに、こう注意したのを思い出してほしい。「スピノザの話についていくためには、何か精神のようなものがいて考えている、というイメージから脱却しなければならない。精神なんかなくても、ただ端的に、考えがある、観念がある、という雰囲気で臨まねばならない」。きっとここでも同じような注意が必要なのである。スピノザの話についていくためには、誰かが誰かを愛している、というイメージから脱却しなければならない。人格なんかなくても、ただ端的に、愛がある、知的愛がある、という雰囲気で臨まねばならない。「考える実体」を消去したように、「愛する実体」を消去し、愛だけを残すのである。やってみよう。

愛は思考のあり方の一つだから、知的愛があるとすればそれは思考属性のもとで見られた神の中のどこかで生じている。知覚がどこで生じるかというときにやったように、愛が生じている場所を無限知性の中で特定できればよい。スピノザの考えからすると、一般的に次のことが成り立つ。

神の中で活動力がフルに実現している部位Xの知覚があるところ、そこに喜びが生じている。この喜びにその原因としてのYの観念が伴っているとき、喜びはYへの愛でもある。

二つの場合を考えてみよう。

（1）Xを極大にとって神としてもかまわない。神は無限の活動力を実現している。神の観念になって（変状して）いる神のところでこれが知覚され、無限の喜びが生じている。この場合、喜びに伴う原因としてのYの観念は、もちろん神自身の観念である。だから神は神自身を無限の愛で愛している。これが「神が神自身を愛する無限の愛」。

（2）Xを局所的にとって、たとえば人間Aとしてもよい。神の中の能動的となったAの身体の観念（Aの精神）のところで喜びが生じている。第三種の認識は神の観念を伴うから、喜びに随伴するYの観念は神の観念である。したがって人間精神が神を愛していることになる。「神に対する精神の知的愛」はこんなふうに理解すればよい。

さて、（2）の局所的に生じている愛は、（1）のグローバルに生じている愛の一部分であると考えることができる。（2）の愛の喜びのもととなっている人間の活動力は神の無限の活動力の一部分であり、（1）のグローバルな愛が喜んでいるものの一部に含まれているからである。それゆえ、「神に対する精神の知的愛は、神が自分自身を愛する無限の愛の一部分である」。

（2）のAさんの精神のところで局所的に生じている喜びはこんなにも自分はできることがあるという喜びだから、当然Aさん自身の観念を原因観念として伴っている。そして、いま見たようにこの局所的な喜びはグローバルに生じている神の自己愛の一部分をなしている。よって「神は自分自身を愛する限りにおいて人間を愛している」。

以上から、人間が神を愛する知的愛、神が人間を愛する知的愛、神が自分自身を愛する知的愛、これらはみな「同じ一つのもの」ということになる。証明の意図を汲めばだいたいこうなるだろう。

「神の知的愛」はその名のとおり、有限知性であろうと無限知性であろうと、知性が永遠の真理を肯定するいたるところで生じている喜びであるとスピノザは考えているようだ。ものごとが永遠の相のもとで見えているようなところならいたるところで生じており、局所で見られるか全体で見られるかの違いがあるだけ。したがって愛し返しや愛の向きは問題にならない。またこの愛は神の本性の必然性から出てくるので、時間によって生成を説明することもできない。われわれの知性がこの愛の一部分を感じ始めるとしたら、それはいま始まったように見えても、やはり永遠なのだとスピノザは言う（定理33とその備考）。振り返ると存在の全域に永遠なる愛がみなぎっていて、われわれの自己愛は遠くその一部分になってしまっているのが見える。

そして至福

どうやらわれわれは、スピノザの世界の果てまで来たようである。かなり大気が薄くなってきて気が遠くなりそうだが、あと少し、最後まで見届けよう。「企て」を思い出していただきたい。「それが見つかって手に入れば絶え間のない最高の喜びを永遠に享楽できるような、何かそういうものは存在しないかどうか探究してみよう」。そう彼は決心した。そしていま、彼はそれを手に入れようとしている。

以上によってわれわれは、われわれの「幸福」あるいは「至福」あるいは「自由」が何に存するかをはっきりと理解する。すなわちそれは神へのコンスタントで永遠なる愛に、あるいは人間に対する神の愛に存するのである。この愛ないし至福は聖書においては「栄光」と呼ばれているがそれは不当ではない。なぜなら、この愛は、神に関すると人間に関するとを問わず、魂の平安と呼ばれうるのであり、これは実際には(感情の定義25および30により)栄光と区別がないからである。(定理36の備考)

スピノザは人間の根源的不安が「自分を認めてほしい、いや認めさせてやる」という欲望(「名誉心」と彼は呼んでいる)からやって来ることをよく知っていた(第3部感情の定義44)。しかしそれもおしまいである。事物を永遠の相のもとに認識する人は、自分を絶対的に肯定する愛を世界にも自分にも感じる。自分というものが唯一であることと神が唯一であることとは同じ比類なき必然性で結ばれているという、眼の眩《くら》むような栄誉を感じる。「栄光《グロリア》」という語はこういう映え映えとした「ほまれ」の意味である。聖書に散見する「神に栄光」「神の栄光を受ける」といった表現は間違ってはいないとスピノザは言う。神と同じ栄光に包まれ、永遠に大丈夫。この晴れがましくも絶対的な安心が、「至福」あるいは「自由」と呼ばれるもの、かねて衝動の求めてきた最高の幸福にほかならない。

もし完全な人間本性というものがあるとしたら、それは「精神が全自然と有する一体的結び付きを知ること」だとスピノザは「企て」で予告していた。いまその全貌が、見たこともない光景としてわれわれの前にある。われわれが日々見なれている現実と寸分違《たが》わないのに、永遠の相のもとに進行する光景である。ここでわれわれは彼の裾から手を離そう。その光景の中を「賢者」は歩む。

賢者は賢者として見られる限り、ほとんど魂を乱されず、自己・神および事物たちをある永遠なる必然性でもって意識し、かく在ることを決してやめず、つねに魂の真の平安を有している。(『エチカ』最後の備考)

あとがき

手軽に手に取れて、しかもじっくり中に入り込めるようなスピノザの入門書があればいいなあと思っていた。それで——あれから何年経ったのだろうか——講談社の上田哲之氏から書いてみませんかとお誘いを受けたとき、書いてみましょうとお引き受けした。出来上がったのが本書である。ふだん書いている研究論文では、大きなストロークでスピノザを描くことはなかなか難しい。その意味で、このような機会は望外の幸せであった。

第四章「人間」でひとつ書き忘れていることがあった。精神は身体の観念である。しかし属性は延長属性のほかにも無限に多くある。ならば、私はこんな身体としてだけでなく、それら無限に多くの属性それぞれにおいてもその見知らぬ属性の様態として並行的に表現されていて、そのそれぞれについてまたいちいち観念があり、それら観念がみな無限に多くの私の(?)並行する精神であるということになっちゃうのではないか、ということだ。そうなるね、とスピノザは答えている。ただ、それら無限に多くの私の精神は互いに無関係な属性世界しかそれぞれの眼中にないのでお互いを知らず、物体世界だけを相手にしているこの精神とも何の連絡もないだけなのだと(書簡66)。

本書の大半は山口で、残りは大阪で書かれた。その間、草稿段階からいつも的確なコメントをいただいた元同僚の入不二基義氏、消え入りそうな著者をしっかりフォローしてくださった編集の石井真理さんにこの場を借りて感謝したい。スピノザの著作からの引用は岩波文庫の畠中尚志訳を参考にしながら適宜手を加えた。

二〇〇五年三月一三日

上野　修

N.D.C.100　193p　18cm
ISBN4-06-149783-9

講談社現代新書　1783

スピノザの世界《せかい》——神《かみ》あるいは自然《しぜん》

二〇〇五年四月二〇日第一刷発行　二〇二五年七月二日第一七刷発行

著　者　上野《うえの》修《おさむ》

発行者　篠木和久
発行所　株式会社講談社
東京都文京区音羽二丁目一二―二一　郵便番号一一二―八〇〇一
電　話　〇三―五三九五―三五二一　編集（現代新書）
〇三―五三九五―五八一七　販売
〇三―五三九五―三六一五　業務
装幀者　中島英樹
印刷所　株式会社ＫＰＳプロダクツ
製本所　株式会社ＫＰＳプロダクツ
定価はカバーに表示してあります　Printed in Japan

「講談社現代新書」の刊行にあたって

教養は万人が身をもって養い創造すべきものであって、一部の専門家の占有物として、ただ一方的に人々の手もとに配布され伝達されうるものではありません。

しかし、不幸にしてわが国の現状では、教養の重要な養いとなるべき書物は、ほとんど講壇からの天下りや単なる解説に終始し、知識技術を真剣に希求する青少年・学生・一般民衆の根本的な疑問や興味は、けっして十分に答えられ、解きほぐされ、手引きされることがありません。万人の内奥から発した真正の教養への芽ばえが、こうして放置され、むなしく滅びさる運命にゆだねられているのです。

このことは、中・高校だけで教育をおわる人々の成長をはばんでいるだけでなく、大学に進んだり、インテリと目されたりする人々の精神力の健康さえもむしばみ、わが国の文化の実質をまことに脆弱なものにしています。単なる博識以上の根強い思索力・判断力、および確かな技術にささえられた教養を必要とする日本の将来にとって、これは真剣に憂慮されなければならない事態であるといわなければなりません。

わたしたちの「講談社現代新書」は、この事態の克服を意図して計画されたものです。これによってわたしたちは、講壇からの天下りでもなく、単なる解説書でもない、もっぱら万人の魂に生ずる初発的かつ根本的な問題をとらえ、掘り起こし、手引きし、しかも最新の知識への展望を万人に確立させる書物を、新しく世の中に送り出したいと念願しています。

わたしたちは、創業以来民衆を対象とする啓蒙の仕事に専心してきた講談社にとって、これこそもっともふさわしい課題であり、伝統ある出版社としての義務でもあると考えているのです。

一九六四年四月　野間省一

哲学・思想Ⅰ

哲学・思想Ⅱ

13 論語 ―――― 貝塚茂樹
285 正しく考えるために 岩崎武雄
324 美について ―――― 今道友信
1007 日本の風景・西欧の景観 ―― オギュスタン・ベルク 篠田勝英 訳
1123 はじめてのインド哲学 立川武蔵
1150 「欲望」と資本主義 ―― 佐伯啓思
1163 「孫子」を読む ―――― 浅野裕一
1247 メタファー思考 ―――― 瀬戸賢一
1248 20世紀言語学入門 加賀野井秀一
1278 ラカンの精神分析 ―― 新宮一成
1358 「教養」とは何か ―― 阿部謹也
1436 古事記と日本書紀 神野志隆光
1439 〈意識〉とは何だろうか 下條信輔
1542 自由はどこまで可能か 森村進
1544 倫理という力 ―――― 前田英樹
1560 神道の逆襲 ―――― 菅野覚明
1741 武士道の逆襲 ―――― 菅野覚明
1749 自由とは何か ―――― 佐伯啓思
1763 ソシュールと言語学 ―― 町田健
1849 系統樹思考の世界 ―― 三中信宏
1867 現代建築に関する16章 五十嵐太郎
1875 日本を甦らせる政治思想 菊池理夫
2009 ニッポンの思想 ―――― 佐々木敦
2014 分類思考の世界 ―――― 三中信宏
2093 ウェブ×ソーシャル×アメリカ 池田純一
2114 いつだって大変な時代 ―― 堀井憲一郎
2134 いまを生きるための思想キーワード ―― 仲正昌樹
2155 独立国家のつくりかた 坂口恭平
2164 武器としての社会類型論 加藤隆
2167 新しい左翼入門 ―――― 松尾匡
2168 社会を変えるには ―― 小熊英二
2172 私とは何か ―――― 平野啓一郎
2177 わかりあえないことから 平田オリザ
2179 アメリカを動かす思想 小川仁志
2216 まんが 哲学入門 ―― 森岡正博 寺田にゃんこふ
2254 教育の力 ―――― 苫野一徳
2274 現実脱出論 ―――― 坂口恭平
2290 闘うための哲学書 ―― 小川仁志 萱野稔人

B

宗教

27 禅のすすめ——佐藤幸治
135 日蓮——久保田正文
217 道元入門——秋月龍珉
606 「般若心経」を読む——紀野一義
667 生命《いのち》あるすべてのものに　マザー・テレサ
698 神と仏——山折哲雄
997 空と無我——定方晟
1210 イスラームとは何か——小杉泰
1469 ヒンドゥー教　クシティ・モーハン・セーン　中川正生 訳
1609 一神教の誕生——加藤隆
1755 仏教発見！——西山厚
1988 入門　哲学としての仏教　竹村牧男
2100 ふしぎなキリスト教——橋爪大三郎　大澤真幸
2146 世界の陰謀論を読み解く——辻隆太朗
2150 ほんとうの親鸞——島田裕巳
2159 古代オリエントの宗教　青木健
2220 仏教の真実——田上太秀
2241 科学 vs. キリスト教——岡崎勝世
2293 善の根拠——南直哉

政治・社会

1145 冤罪はこうして作られる ― 小田中聰樹
1201 情報操作のトリック ― 川上和久
1488 日本の公安警察 ― 青木理
1540 戦争を記憶する ― 藤原帰一
1742 教育と国家 ― 高橋哲哉
1965 創価学会の研究 ― 玉野和志
1969 若者のための政治マニュアル ― 山口二郎
1977 天皇陛下の全仕事 ― 山本雅人
1978 思考停止社会 ― 郷原信郎
1985 日米同盟の正体 ― 孫崎享
2053 〈中東〉の考え方 ― 酒井啓子
2059 消費税のカラクリ ― 斎藤貴男

2068 財政危機と社会保障 ― 鈴木亘
2073 リスクに背を向ける日本人 ― 山岸俊男 メアリー・C・ブリントン
2079 認知症と長寿社会 ― 信濃毎日新聞取材班
2110 原発報道とメディア ― 武田徹
2112 原発社会からの離脱 ― 宮台真司 飯田哲也
2115 国力とは何か ― 中野剛志
2117 未曾有と想定外 ― 畑村洋太郎
2123 中国社会の見えない掟 ― 加藤隆則
2130 ケインズとハイエク ― 松原隆一郎
2135 弱者の居場所がない社会 ― 阿部彩
2138 超高齢社会の基礎知識 ― 鈴木隆雄
2149 不愉快な現実 ― 孫崎享
2152 鉄道と国家 ― 小牟田哲彦

2176 JAL再建の真実 ― 町田徹
2181 日本を滅ぼす消費税増税 ― 菊池英博
2183 死刑と正義 ― 森炎
2186 民法はおもしろい ― 池田真朗
2197 「反日」中国の真実 ― 加藤隆則
2203 ビッグデータの覇者たち ― 海部美知
2232 やさしさをまとった殲滅の時代 ― 堀井憲一郎
2246 愛と暴力の戦後とその後 ― 赤坂真理
2247 国際メディア情報戦 ― 高木徹
2276 ジャーナリズムの現場から ― 大鹿靖明 編著
2294 安倍官邸の正体 ― 田崎史郎
2295 福島第一原発事故 7つの謎 ― NHKスペシャル『メルトダウン』取材班
2297 ニッポンの裁判 ― 瀬木比呂志

世界の言語・文化・地理

958 英語の歴史――中尾俊夫
987 はじめての中国語――相原茂
1025 J・S・バッハ――礒山雅
1073 はじめてのドイツ語 福本義憲
1111 ヴェネツィア――陣内秀信
1183 はじめてのスペイン語 東谷穎人
1353 はじめてのラテン語 大西英文
1396 はじめてのイタリア語 郡史郎
1446 南イタリアへ!――陣内秀信
1701 はじめての言語学 黒田龍之助
1753 中国語はおもしろい 新井一二三
1949 見えないアメリカ――渡辺将人
1959 世界の言語入門――黒田龍之助
2052 なぜフランスでは子どもが増えるのか 中島さおり
2081 はじめてのポルトガル語 浜岡究
2086 英語と日本語のあいだ 菅原克也
2104 国際共通語としての英語 鳥飼玖美子
2107 野生哲学――管啓次郎 小池桂一
2108 現代中国「解体」新書――梁過
2158 一生モノの英文法――澤井康佑
2227 アメリカ・メディア・ウォーズ――大治朋子
2228 フランス文学と愛――野崎歓

日本史

1258 身分差別社会の真実——斎藤洋一 大石慎三郎
1265 七三一部隊——常石敬一
1292 日光東照宮の謎——高藤晴俊
1322 藤原氏千年——朧谷寿
1379 白村江——遠山美都男
1394 参勤交代——山本博文
1414 謎とき日本近現代史 野島博之
1599 戦争の日本近現代史 加藤陽子
1648 天皇と日本の起源 遠山美都男
1680 鉄道ひとつばなし——原武史
1702 日本史の考え方——石川晶康
1707 参謀本部と陸軍大学校 黒野耐
1797 「特攻」と日本人——保阪正康
1885 鉄道ひとつばなし2——原武史
1900 日中戦争——小林英夫
1918 日本人はなぜキツネにだまされなくなったのか 内山節
1924 東京裁判——日暮吉延
1931 幕臣たちの明治維新 安藤優一郎
1971 歴史と外交——東郷和彦
1982 皇軍兵士の日常生活 一ノ瀬俊也
2031 明治維新 1858-1881 坂野潤治 大野健一
2040 中世を道から読む——齋藤慎一
2089 占いと中世人——菅原正子
2095 鉄道ひとつばなし3——原武史
2098 戦前昭和の社会 1926-1945——井上寿一
2106 戦国誕生——渡邊大門
2109 「神道」の虚像と実像 井上寛司
2152 鉄道と国家——小牟田哲彦
2154 邪馬台国をとらえなおす——大塚初重
2190 戦前日本の安全保障——川田稔
2192 江戸の小判ゲーム——山室恭子
2196 藤原道長の日常生活 倉本一宏
2202 西郷隆盛と明治維新 坂野潤治
2248 城を攻める 城を守る——伊東潤
2272 昭和陸軍全史1——川田稔
2278 織田信長〈天下人〉の実像 金子拓
2284 ヌードと愛国——池川玲子
2299 日本海軍と政治——手嶋泰伸

世界史I

834 **ユダヤ人**――上田和夫
934 **大英帝国**――長島伸一
968 **ローマはなぜ滅んだか** 弓削達
1017 **ハプスブルク家**――江村洋
1080 **ユダヤ人とドイツ**――大澤武男
1088 **ヨーロッパ「近代」の終焉**――山本雅男
1097 **オスマン帝国**――鈴木董
1151 **ハプスブルク家の女たち** 江村洋
1249 **ヒトラーとユダヤ人** 大澤武男
1252 **ロスチャイルド家** 横山三四郎
1282 **戦うハプスブルク家** 菊池良生
1283 **イギリス王室物語**――小林章夫

1306 **モンゴル帝国の興亡〈上〉**――杉山正明
1307 **モンゴル帝国の興亡〈下〉**――杉山正明
1321 **聖書vs.世界史**――岡崎勝世
1366 **新書アフリカ史**――宮本正興・松田素二 編
1442 **メディチ家**――森田義之
1470 **中世シチリア王国**――高山博
1486 **エリザベスI世**――青木道彦
1572 **ユダヤ人とローマ帝国** 大澤武男
1587 **傭兵の二千年史**――菊池良生
1588 **現代アラブの社会思想** 池内恵
1664 **新書ヨーロッパ史 中世篇** 堀越孝一 編
1673 **神聖ローマ帝国**――菊池良生
1687 **世界史とヨーロッパ** 岡崎勝世

1705 **魔女とカルトのドイツ史**――浜本隆志
1712 **宗教改革の真実**――永田諒一
1820 **スペイン巡礼史**――関哲行
2005 **カペー朝**――佐藤賢一
2070 **イギリス近代史講義**――川北稔
2096 **モーツァルトを「造った」男**――小宮正安
2189 **世界史の中のパレスチナ問題** 臼杵陽
2281 **ヴァロワ朝**――佐藤賢一

世界史Ⅱ

930 フリーメイソン──吉村正和
959 東インド会社──浅田實
971 文化大革命──矢吹晋
1019 動物裁判──池上俊一
1076 デパートを発明した夫婦 鹿島茂
1085 アラブとイスラエル 高橋和夫
1099 「民族」で読むアメリカ 野村達朗
1231 キング牧師とマルコムX 上坂昇
1746 中国の大盗賊・完全版──高島俊男
1761 中国文明の歴史──岡田英弘
1769 まんが パレスチナ問題 山井教雄
1811 歴史を学ぶということ 入江昭
1932 都市計画の世界史──日端康雄
1966 〈満洲〉の歴史──小林英夫
2018 古代中国の虚像と実像 落合淳思
2025 まんが 現代史──山井教雄
2120 居酒屋の世界史──下田淳
2182 おどろきの中国 橋爪大三郎 大澤真幸 宮台真司
2257 歴史家が見る現代世界 入江昭
2301 高層建築物の世界史 大澤昭彦

自然科学・医学

15 数学の考え方——矢野健太郎
1141 安楽死と尊厳死——保阪正康
1328 「複雑系」とは何か——吉永良正
1343 カンブリア紀の怪物たち サイモン・コンウェイ・モリス 松井孝典 監訳
1500 科学の現在を問う 村上陽一郎
1511 優生学と人間社会——米本昌平 松原洋子 橳島次郎 市野川容孝
1689 時間の分子生物学——粂和彦
1700 核兵器のしくみ——山田克哉
1706 新しいリハビリテーション 大川弥生
1786 数学的思考法——芳沢光雄
1805 人類進化の700万年 三井誠
1813 はじめての〈超ひも理論〉 川合光
1840 算数・数学が得意になる本 芳沢光雄
1861 〈勝負脳〉の鍛え方——林成之
1881 「生きている」を見つめる医療——中村桂子 山岸敦
1891 生物と無生物のあいだ——福岡伸一
1925 数学でつまずくのはなぜか 小島寛之
1929 脳のなかの身体——宮本省三
2000 世界は分けてもわからない 福岡伸一
2023 ロボットとは何か——石黒浩
2039 ソーシャルブレインズ入門 藤井直敬
2097 〈麻薬〉のすべて——船山信次
2122 量子力学の哲学——森田邦久
2166 化石の分子生物学——更科功
2170 親と子の食物アレルギー——伊藤節子
2191 DNA医学の最先端 大野典也
2193 〈生命〉とは何だろうか 岩崎秀雄
2204 森の力——宮脇昭
2219 宇宙はなぜこのような宇宙なのか——青木薫
2226 「人体」の不思議 宇宙生物学で読み解く——吉田たかよし
2244 呼鈴の科学——吉田武
2262 生命誕生——中沢弘基
2265 SFを実現する——田中浩也
2268 生命のからくり——中屋敷均
2269 認知症を知る——飯島裕一
2291 はやぶさ2の真実——松浦晋也
2292 認知症の「真実」——東田勉

心理・精神医学

趣味・芸術・スポーツ

620 時刻表ひとり旅——宮脇俊三
676 酒の話——小泉武夫
1025 J・S・バッハ——礒山雅
1287 写真美術館へようこそ——飯沢耕太郎
1371 天才になる!——荒木経惟
1404 踏みはずす美術史——森村泰昌
1422 演劇入門——平田オリザ
1454 スポーツとは何か——玉木正之
1510 最強のプロ野球論——二宮清純
1653 これがビートルズだ 中山康樹
1723 演技と演出——平田オリザ
1765 科学する麻雀——とつげき東北
1808 ジャズの名盤入門——中山康樹
1890 「天才」の育て方——五嶋節
1915 ベートーヴェンの交響曲——金聖響 玉木正之
1941 プロ野球の一流たち 二宮清純
1963 デジカメに1000万画素はいらない たくきよしみつ
1970 ビートルズの謎——中山康樹
1990 ロマン派の交響曲——金聖響 玉木正之
2007 落語論——堀井憲一郎
2037 走る意味——金哲彦
2045 マイケル・ジャクソン——西寺郷太
2055 世界の野菜を旅する 玉村豊男
2058 浮世絵は語る——浅野秀剛
2111 ストライカーのつくり方——藤坂ガルシア千鶴
2113 なぜ僕はドキュメンタリーを撮るのか——想田和弘
2118 ゴダールと女たち 四方田犬彦
2132 マーラーの交響曲——金聖響 玉木正之
2161 最高に贅沢なクラシック 許光俊
2210 騎手の一分——藤田伸二
2214 ツール・ド・フランス 山口和幸
2221 歌舞伎 家と血と藝 中川右介
2256 プロ野球 名人たちの証言 二宮清純
2270 ロックの歴史——中山康樹
2275 世界の鉄道紀行——小牟田哲彦
2282 ふしぎな国道——佐藤健太郎
2296 ニッポンの音楽——佐々木敦